聖 經
성 경

筆 寫
필 사

第 六 卷 ㊤

尼希米記	01-13장
以斯帖記	01-10장
約伯記	01-38장

聖經筆寫協會 著: 柳賢授

서 문 (序文)

필사와 필기의 개념을 먼저 생각을 하려고 합니다.

필사는 말 그대로 글자 위에 글씨를 따라 그리는 형태를 말하고 필기는 글을 받아 적거나 글을 보고 백지면 위에 글씨를 쓰는 형태를 말합니다.
이 책은 제목처럼 필사입니다.

처음에는 모방을 하는 듯 하지만 시간이 지나면서 인내심도 깊어지고 악필이라고 하는 난필을 교정하고 오랜 시간이 지나면 자신도 모르는 사이에 자신만의 필체를 만들어가며 생활에서 마음 속 깊이 자부심이 심어지고 인내심과 정신력이 깊이 향상되어 가고 있는 것을 깨닫게 될 것입니다.

혼자서 필사를 하려고 하다가 같이 필사를 해야겠다는 생각을 하고 준비를 했습니다.

도서출판 보혜 드림

六卷㊤目次

尼希米記 第一章
니 희 미 기 제 일 장

느 1:1

哈迦利亞子
합 가 리 아 자

尼希米記、○
니 희 미 기

亞達薛西王二十年、
아 달 설 서 왕 이 십 년

基斯流月、
기 사 류 월

我在書珊宮、
아 재 서 산 궁

느 1:

我同宗哈拿尼、
아 동 종 합 나 니

與猶大數人偕來、
여 유 대 수 인 해 래

我問以猶大俘囚之遺
아 문 이 유 대 부 수 지 유

民、
민

及耶路撒冷之事、
급 야 로 살 랭 지 사

느1:3

彼曰、
피 왈

俘囚之遺民、
부 수 지 유 민

在其州遭難受辱、
재 기 주 조 난 수 욕

耶路撒冷城垣傾圮、
야 로 살 랭 성 원 경 비

邑門焚燬、
읍 문 분 훼

느1:42

我聞之、
아 문 지

坐而哭泣、
좌 이 곡 읍

悲哀數日、
비 애 수 일

禁食、
금 식

祈禱於天上
기 도 어 천 상

祆上帝前、
천 상 제 전

느1:5

曰、
왈

天上祆上帝耶和華、
천 상 천 상 제 야 화 화

大而可畏之祆上帝、
대 이 가 외 지 천 상 제

凡愛爾守爾誡者、
범 애 이 수 이 계 자

爾爲之踐約施恩、
이 위 지 천 약 시 은

느 1:6

今僕於爾前、
금 복 어 이 전

爲爾僕以色列人、
위 이 복 이 색 열 인

晝夜祈禱、
주 야 기 도

認我以色列人
인 아 이 색 열 인

所犯之罪、
소 범 지 죄

僕之祈禱、
복 지 기 도

求爾側耳聽之、
구 이 측 이 청 지

啓目顧之、
계 목 고 지

我與父家、
아 여 부 가

俱干罪戾、
구 간 죄 려

느1:7

我對於爾、
아 대 어 이

作惡特甚、
작 악 특 심

爾諭爾僕摩西
이 유 이 복 마 서

之誡命、
지 계 명

典章律例、
전 장 률 례

未嘗守之、
미 상 수 지

느1:8

昔爾諭僕摩西云、
석 이 유 복 마 서 운

若爾衆犯罪、
약 이 중 범 죄

我必散之於列邦、
아 필 산 지 어 열 방

느1:9

如其歸我、
여 기 귀 아

守我誡命、
수 아 계 명

而遵行之、
이 준 행 지

爾之亡人、
이 지 망 인

雖在天涯、
수 재 천 애

我必由彼集之、
아 필 유 피 집 지

導至所簡以寄
도 지 소 간 이 기

我名之所、
아 명 지 소

請爾憶之、
청 이 억 지

느1:10

斯乃爾之僕、
사 내 이 지 복

爾之民、
이 지 민

爾以大權、
이 이 대 권

大能之手、
대 능 지 수

所救贖者、
소 구 속 자

느1:11

主歟、
주 여

求爾側耳、
구 이 측 이

垂聽爾僕之禱、
수 청 이 복 지 도

及喜悅寅畏爾
급 희 열 인 외 이

名之僕所祈、
명 지 복 소 기

使僕今日亨通、
사 복 금 일 형 통

蒙矜恤於王前、
몽 긍 휼 어 왕 전

是時我爲王酒正、
시 시 아 위 왕 주 정

尼希米記 第二章
니 희 미 기 제 이 장

느2:1

亞達薛西王二十年、
아 달 설 서 왕 이 십 년

尼散月、
니 산 월

王前有酒、
왕 전 유 주

我取而晉之、
아 취 이 진 지

前此我侍王側、
전 차 아 시 왕 측

未有憂色、
미 유 우 색

느2:2

王問曰、
왕 문 왈

爾無疾、
이 무 질

何以有憂色、
하 이 유 우 색

必爾中心憂戚、
필 이 중 심 우 척

是時我甚恐、
시 시 아 심 공

느2:3

奏王曰、
주 왕 왈

願王萬歲、
원 왕 만 세

我之故邑、
아 지 고 읍

祖墓所在、
조 묘 소 재

歷久荒墟、
력 구 황 허

邑門焚燬、
읍 문 분 훼

焉得無憂色、
언 득 무 우 색

느2:4

王曰、
왕 왈

爾欲何求、
이 욕 하 구

我則默禱天上
아 칙 묵 도 천 상

祆上帝、
천 상 제

느 2:5

奏王曰、
주 왕 왈

如王悅之、
여 왕 열 지

施恩於僕、
시 은 어 복

請遣我至猶大
청 견 아 지 유 대

祖墓之邑、
조 묘 지 읍

俾復建之、
비 복 건 지

느 2:6

是時、
시 시

王後坐於側、
왕 후 좌 어 측

王問我曰、
왕 문 아 왈

往返幾何時、
왕 반 기 하 시

王喜遣我、
왕 희 견 아

我乃定厥期、
아 내 정 궐 기

느2:7

又奏王曰、
우 주 왕 왈

如王悅之、
여 왕 열 지

請以詔書頒我、
청 이 조 서 반 아

命河西諸方伯、
명 하 서 제 방 백

許我越境至猶大、
허 아 월 경 지 유 대

느2:8

並請降詔於
병 청 강 조 어

虞人亞薩、
우 인 아 살

賜我材木、
사 아 재 목

以建附殿之
이 건 부 전 지

樓門及城垣、
루 문 급 성 원

與我所居之室、
여 아 소 거 지 실

蒙我祆上帝之佑、
몽 아 천 상 제 지 우

王允所祈、
왕 윤 소 기

느2:9

王遣軍長騎兵偕我、
왕 견 군 장 기 병 해 아

我至河西、
아 지 하 서

見諸方伯、
견 제 방 백

以王詔授之、
이 왕 조 수 지

느2:10

和倫人參巴拉、
화 륜 인 참 파 랍

亞捫人臣僕多比雅、
아 문 인 신 복 다 비 아

聞有人至、
문 유 인 지

欲裨益以色列族、
욕 비 익 이 색 열 족

則憂甚、
즉 우 심

느2:11

我至耶路撒冷、
아 지 야 로 살 랭

居三日、
거 삼 일

느2:12

祆上帝感我之心、
천 상 제 감 아 지 심

爲耶路撒冷
위 야 로 살 랭

所當爲者、
소 당 위 자

我未嘗告人、
아 미 상 고 인

夜起、
야 기

偕同數人、
해 동 수 인

獨乘一騎、
독 승 일 기

別無他畜、
별 무 타 축

느2:13

夤夜由谷門出、
인 야 유 곡 문 출

至龍井、
지 룡 정

及糞場門、
급 분 장 문

見耶路撒冷
견 야 로 살 랭

城垣傾圮、
성 원 경 비

邑門焚燬、
읍 문 분 훼

느2:14

遂至泉門、
수 지 천 문

及王沼、
급 왕 소

所乘之騎、
소 승 지 기

無路可過、
무 로 가 과

느2:15

是夕沿溪而上、
시 석 연 계 이 상

察視城垣、
찰 시 성 원

轉入谷門而歸、
전 입 곡 문 이 귀

느2:16

我之所往所爲、
아 지 소 왕 소 위

有司不知、
유 사 부 지

我亦未告猶大人、
아 역 미 고 유 대 인

與祭司、
여 제 사

顯者、
현 자

民長、
민 장

及工匠、
급 공 장

느2:17

今謂之曰、
금 위 지 왈

耶路撒冷荒蕪、
야 로 살 랭 황 무

其門被燬、
기 문 피 훼

處此苦境、
처 차 고 경

爾所目擊、
이 소 목 격

我儕其來、
아 제 기 래

重築耶路撒冷、
중 축 야 로 살 랭

勿復受辱、
물 복 수 욕

느2:18

我更以祆上帝之祐、
아 경 이 천 상 제 지 우

及王諭我之言告之、
급 왕 유 아 지 언 고 지

僉曰、
첨 왈

我儕起而建築、
아 제 기 이 건 축

於是各强厥手、
어 시 각 강 궐 수

成此善工、
성 자 선 공

느2:19

和倫人參巴拉、
화 륜 인 참 파 랍

亞捫人臣僕多比雅、
아 몬 인 신 복 다 비 아

及亞拉伯人
급 아 랍 백 인

基善聞之、
기 선 문 지

則姍笑蔑視我、
칙 산 소 멸 시 아

曰、
왈

爾所爲者何事、
이 소 위 자 하 사

豈將叛王歟、
기 장 반 왕 여

느2:20

我曰、
아 왈

天上祆上帝必
천 상 천 상 제 필

使我儕利達、
사 아 제 리 달

我儕爲其僕、
아 제 위 기 복

將起而建築、
장 기 이 건 축

爾曹於耶路撒冷、
이 조 어 야 로 살 렘

無分、
무 분

無權、
무 권

無記誌、
무 기 지

尼希米記 第三章
니 희 미 기 제 삼 장

느3:1

維時、
유 시

大祭司以利亞實、
대 제 사 이 리 아 실

與其同宗祭司、
여 기 동 종 제 사

起建羊門、
기 건 양 문

而區別之、
이 구 별 지

置扉、
치 비

又建邑垣、
우 건 읍 원

至哈米亞樓、
지 합 미 아 루

延及哈楠業樓、
연 급 합 남 업 루

而區別之、
이 구 별 지

느3:2

其次、
기 차

耶利哥人建築、
야 리 가 인 건 축

其次、
기 차

音利子撒刻建築、
음 리 자 살 각 건 축

느3:3

哈西拿衆子建魚門、
합 서 나 중 자 건 어 문

上梁置扉、
상 량 치 비

鎖楗俱備、
쇄 건 구 비

느3:4

其次、
기 차

哈哥斯孫、
합 가 사 손

烏利亞子米利末
오 리 아 자 미 리 말

修葺、
수 즙

其次、
기 차

米示薩別孫、
미 시 살 별 손

比利迦子米書蘭
비 리 가 자 미 서 란

修葺、
수 즙

其次、
기 차

巴拿子撒督修葺、
파 나 자 살 독 수 즙

느3:5

其次、
기 차

提哥亞人修葺、
제 가 아 인 수 즙

然彼之顯者、
연 피 지 현 자

不肩負其主之工、
불 견 부 기 주 지 공

느3:6

巴西亞子耶何耶大、
파 서 아 자 야 하 야 대

比所玳子米書蘭、
비 소 대 자 미 서 란

修葺古門、
수 즙 고 문

上梁置扉、
상 량 치 비

鎖楗俱備、
쇄 건 구 비

느3:7

其次、
기 차

基遍人米拉提、
기 편 인 미 랍 제

米倫人雅頓、
미 륜 인 아 돈

與基遍人、
여 기 편 인

及河西方伯所屬之米
급 하 서 방 백 소 속 지 미

斯巴人修葺、
사 파 인 수 즙

느3:8

其次、
기 차

金工哈海雅子烏薛修
금 공 합 해 아 자 오 설 수

葺、
즙

其次、
기 차

製香之哈拿尼雅修
제 향 지 합 나 니 아 수

葺、
즙

彼衆修葺耶路撒冷、
피 중 수 즙 야 로 살 랭

延至廣垣、
연 지 광 원

느3:9

其次、
기 자

治耶路撒冷境之半
치 야 로 살 랭 경 지 반

者、
자

戶珥子利法雅修葺、
호 이 자 리 법 아 수 즙

느3:10

其次、
기 자

哈路抹子耶大雅、
합 로 말 자 야 대 아

修葺其室相對之處、
수 즙 기 실 상 대 지 처

其次、
기 자

哈沙尼子哈突修葺、
합 사 니 자 합 돌 수 즙

느3:11

哈琳子瑪基雅、
합 림 자 마 기 아

與巴哈摩押子哈述、
여 파 합 마 압 자 합 술

修葺一段、
수 즙 일 단

爰及爐樓、
원 급 로 루

느3:12

其次、
기 차

治耶路撒冷境之半
치 야 로 살 랭 경 지 반

者、
자

哈羅黑子沙龍、
합 라 흑 자 사 룡

及其女修葺、
급 기 녀 수 즙

느3:13

哈嫩及撒挪亞居民、
합 눈 급 살 나 아 거 민

修葺谷門、
수 즙 곡 문

建門置扉、
건 문 치 비

鎖楗俱備、
쇄 건 구 비

復建垣一千肘、
복건원일천주

至糞場門、
지분장문

느3:14

治伯哈基琳者、
치백합기림자

利甲子瑪基雅修葺糞
리갑자마기아수즙분

場門、
장문

建門置扉、
건문치비

鎖楗俱備、
쇄건구비

느3:15

治米斯巴者、
치미사파자

各荷西子沙崙、
각하서자사륜

修葺泉門、
수즙천문

建門、
건문

作蓋、
작 개

置扉、
치 비

鎖楗俱備、
쇄 건 구 비

復建近於王囿、
복 건 근 어 왕 유

西羅亞沼之垣、
서 라 아 소 지 원

至大衛城之階、
지 대 위 성 지 계

느3:16

其次、
기 차

治伯夙境之半者、
치 백 숙 경 지 반 자

押卜子尼希米修葺、
압 복 자 니 희 미 수 즙

至大衛墓相對之所、
지 대 위 묘 상 대 지 소

延及鑿成之池、
연 급 착 성 지 지

至於勇士之室、
지 어 용 사 지 실

느3:17

其次、
기 자

利未人、
리 미 인

巴尼子利宏修葺、
파 니 자 리 굉 수 즙

其次、
기 자

治基伊拉境之半者、
치 기 이 랍 경 지 반 자

哈沙比雅、
합 사 비 아

爲其區域修葺、
위 기 구 역 수 즙

느3:18

其次、
기 자

治基伊拉境之半者、
치 기 이 랍 경 지 반 자

哈沙比之同宗、
합 사 비 지 동 종

希拿達子巴瓦伊修
희 나 달 자 파 와 이 수

葺、
즙

느3:19

其次、
기 차

治米斯巴者、
치 미 사 파 자

耶書亞子以謝、
야 서 아 자 이 사

修葺一段、
수 즙 일 단

在邑隅武庫相對之
재 읍 우 무 고 상 대 지

處、
처

느3:20

其次、
기 차

薩拜子巴錄、
살 배 자 파 록

竭力修葺一段、
갈 력 수 즙 일 단

自邑隅至大祭司以利
자 읍 우 지 대 제 사 이 리

亞實之室門、
아 실 지 실 문

느3:21

其次、
기 차

哈哥斯孫、
합 가 사 손

烏利亞子米利末、
오 리 아 자 미 리 말

修葺一段、
수 즙 일 단

自以利亞實室門、
자 이 리 아 실 실 문

至其室隅、
지 기 실 우

느3:22

其次、
기 차

居平原之祭司修葺、
거 평 원 지 제 사 수 즙

느3:23

其次、
기 차

便雅憫與哈述、
편 아 민 여 합 술

於其室前修葺、
어 기 실 전 수 즙

其次、
기 차

亞難尼孫、
아 난 니 손

瑪西雅子亞撒利雅、
마 서 아 자 아 살 리 아

附近其室修葺、
부 근 기 실 수 즙

느3:24

其次、
기 차

希拿達子賓內、
희 나 달 자 빈 내

修葺一段、
수 즙 일 단

自亞撒利雅之室、
자 아 살 리 아 지 실

延及城彎、
연 급 성 만

至於垣隅、
지 어 원 우

느3:25

烏賽子巴拉、
오 새 자 파 랍

修葺城彎相對之所、
수 즙 성 만 상 대 지 소

及突出之樓、
급 돌 출 지 루

附王上宮、
부 왕 상 궁

近於獄院、
근 어 옥 원

其次、
기 차

巴錄子毘大雅修葺、
파 록 자 비 대 아 수 즙

느3:26

時、
시

尼提甯人、
니 제 녕 인

居於俄斐勒、
거 어 아 비 륵

沿及水門之東、
연 급 수 문 지 동

城樓相對之所、
성 루 상 대 지 소

느3:27

其次、
기자

提哥亞人、
제가아인

修葺一段、
수즙일단

在突出大樓相對之
재돌출대루상대지

所、
소

至俄斐勒垣、
지아비륵원

느3:28
自馬門而上、
자마문이상

衆祭司修葺、
중제사수즙

各在其室相對之所、
각재기실상대지소

느3:29
其次、
기자

音麥子撒督、
음맥자살독

修葺其室相對之所、
수 즙 기 실 상 대 지 소

其次、
기 차

司東門者、
사 동 문 자

示迦尼子示瑪雅修
시 가 니 자 시 마 아 수

葺、
즙

느3:30

其次、
기 차

示利米雅子哈拿尼
시 리 미 아 자 합 나 니

雅、
아

及薩拉第六子哈嫩、
급 살 랍 제 육 자 합 눈

修葺一段、
수 즙 일 단

其次、
기 차

比利迦子米書蘭、
비 리 가 자 미 서 란

修葺其室相對之所、
수 즙 기 실 상 대 지 소

느3:31

其次、
기 차

金工瑪基雅修葺、
금 공 마 기 아 수 즙

至尼提甯人及商賈之
지 니 제 녕 인 급 상 가 지

室、
실

在哈米弗甲門相對之
재 합 미 불 갑 문 상 대 지

所、
소

延及邑隅之樓、
연 급 읍 우 지 루

느3:32

邑隅之樓與羊門之
읍 우 지 루 여 양 문 지

間、
간

金工與商賈修葺、
금 공 여 상 가 수 즙

尼希米記 第四章
니 희 미 기 제 사 장

느4:1

參巴拉聞我儕築垣、
참 파 랍 문 아 제 축 원

忿怒恚恨、
분 노 에 한

譏笑猶大人、
기 소 유 대 인

느4:2

告其同宗、
고 기 동 종

及撒瑪利亞軍旅曰、
급 살 마 리 아 군 려 왈

此荏弱之猶大人何
자 임 약 지 유 대 인 하

爲、
위

豈欲自衛乎、
기 욕 자 위 호

豈欲獻祭乎、
기 욕 헌 제 호

豈能一日成之乎、
기 능 일 일 성 지 호

豈於瓦礫之場、
기 어 와 력 지 장

復起被焚之石乎、
부 기 피 분 지 석 호

느4:3

亞捫人多比雅旁立、
아 문 인 다 비 아 방 립

曰、
왈

彼所築之石牆卽狐登
피 소 축 지 석 장 즉 호 등

之亦圮、
지 역 비

느4:4

我祆上帝歟、
아 천 상 제 여

我儕爲人蔑視、
아 제 위 인 멸 시

願爾垂聽、
원 이 수 청

俾其所謗、
비 기 소 방

歸於己首、
귀 어 기 수

爲俘虜於異邦、
위 부 로 어 이 방

느4:5

勿蓋其過、
물 개 기 과

勿抹其罪、
물 말 기 죄

彼在建築者前、
피 재 건 축 자 전

激爾之怒、
격 이 지 노

느4:6

我儕築垣、
아 제 축 원

使相連接、
사 상 련 접

其高已半、
기 고 이 반

以民奮志操作故也、
이 민 분 지 조 작 고 야

느4:7

參巴拉、
참 파 랍

多比雅、
다 비 아

及亞拉伯人、
급 아 랍 백 인

亞捫人、
아 문 인

亞實突人、
아 실 돌 인

聞建耶路撒冷城垣、
문 건 야 로 살 랭 성 원

厥工進行、
궐 공 진 행

破壞之處修補、
파 괴 지 처 수 보

則怒甚、
칙 노 심

느 4:8

同謀來攻耶路撒冷、
동 모 래 공 야 로 살 랭

俾其紛亂、
비 기 분 란

느 4:9

我儕遂禱我之天上
아 제 수 도 아 지 천 상

帝、
제

設守者晝夜防禦、
설 수 자 주 야 방 어

느4:10

猶大人曰、
유 대 인 왈

瓦礫尚多、
와 력 상 다

負荷者力匱、
부 하 자 력 궤

我儕不能築垣、
아 제 불 능 축 원

느4:11

敵人曰、
적 인 왈

乘其不知不見、
승 기 불 지 불 견

我儕突至其中殺之、
아 제 돌 지 기 중 살 지

使罷厥工、
사 파 궐 공

느4:12

近敵而居之猶大人
근 적 이 거 지 유 대 인

至、
지

十次告我曰、
십 차 고 아 왈

敵自四境來攻、
적 자 사 경 래 공

느4:13

我則令民按其宗族、
아 칙 령 민 안 기 종 족

執刀與戈及弓、
집 도 여 과 급 궁

立於牆後、
립 어 장 후

低下隙地、
저 하 극 지

느4:14

我簡閱之、
아 간 열 지

起而告顯者民長、
기 이 고 현 자 민 장

及餘民曰、
급 여 민 왈

勿懼之、
물 구 지

其念大而可畏之主、
기 념 대 이 가 외 지 주

爲爾兄弟子女、
위 이 형 제 자 녀

妻室第宅而戰、
처 실 제 댁 이 전

느 4:15

敵聞我知其意、
적 문 아 지 기 의

祆上帝敗其謀、
천 상 제 패 기 모

我儕復返於垣、
아 제 복 반 어 원

各供其役、
각 공 기 역

느 4:16

自是以後、
자 시 이 후

我僕操作者半、
아 복 조 작 자 반

執干戈與弓及甲者
집 간 과 여 궁 급 갑 자

半、
반

民長立於猶大族後、
민 장 립 어 유 대 족 후

느 4:17

建垣者、
건원자

負荷者、
부하자

俱負其任、
구부기임

右手作工、
우수작공

左手執械、
좌수집계

느4:18
建築者各佩劍而建
건축자각패검이건

築、
축

吹角者立於我側、
취각자립어아측

느4:19
我告顯者民長、
아고현자민장

及餘民曰、
급여민왈

工巨地廣、
공거지광

我在城垣、
아재성원

相距甚遠、
상거심원

느4:20

不論何處、
불론하처

聞角之聲、
문각지성

則當咸集我所、
칙당함집아소

我之祆上帝、
아지천상제

必爲我戰、
필위아전

느4:21

於是我儕操作、
어시아제조작

其半執戈、
기반집과

自黎明至星見、
자려명지성견

느4:22

其時我告民曰、
기시아고민왈

各率其僕宿於耶路撒
각 솔 기 복 숙 어 야 로 살

冷、
랭

晝作工、
주 작 공

夜守衛、
야 수 위

느4:23

我與同宗及僕、
아 여 동 종 급 복

暨從我之衛士、
기 종 아 지 위 사

俱不解衣、
구 불 해 의

出汲水、
출 급 수

亦執械、
역 집 계

尼希米記 第五章
니 희 미 기 제 오 장

느5:1

維時、
유 시

民與其婦號呼、
민 여 기 부 호 호

怨其同宗猶大人、
원 기 동 종 유 대 인

느5:2

或曰、
혹 왈

我及子女人多、
아 급 자 녀 인 다

當得穀食之以生存、
당 득 곡 식 지 이 생 존

느5:3

或曰、
혹 왈

我質田畝、
아 질 전 무

葡萄園、
포 도 원

及第宅、
급 제 댁

因饑饉以得穀、
인 기 근 이 득 곡

느5:4

或曰、
혹 왈

我以田畝、
아 이 전 무

及葡萄園、
급 포 도 원

貸金納王之稅、
대 금 납 왕 지 세

느5:5

我身如人之身、
아 신 여 인 지 신

我子如人之子、
아 자 여 인 지 자

今使子女爲奴、
금 사 자 녀 위 노

我中已有數女爲婢、
아 중 이 유 수 녀 위 비

欲免此而無力、
욕 면 차 이 무 력

蓋我之田畝葡萄園、
개 아 지 전 무 포 도 원

爲人所有、
위 인 소 유

느5:6

我聞民之號呼、
아 문 민 지 호 호

及其所言、
급 기 소 언

則怒甚、
즉 노 심

느5:7

中心籌畫、
중 심 주 화

責顯者及民長曰、
책 현 자 급 민 장 왈

爾於同宗索利、
이 어 동 종 색 리

我遂集大會以攻之、
아 수 집 대 회 이 공 지

느5:8

謂之曰、
위 지 왈

我同宗猶大人鬻於異
아 동 종 유 대 인 죽 어 이

邦、
방

我儕盡力贖之、
아 제 진 력 속 지

爾曹乃鬻同宗、
이 조 내 죽 동 종

且鬻於我儕耶、
차 죽 어 아 제 야

彼衆默然、
피 중 묵 연

無詞以對、
무 사 이 대

느5:9

我又曰、
아 우 왈

爾曹所爲不善、
이 조 소 위 불 선

爾之行事、
이 지 행 사

不當寅畏我之祆上
불 당 인 외 아 지 천 상

帝、
제

免我敵諸國之謗乎、
면 아 적 제 국 지 방 호

느5:10

我與同宗及僕、
아 여 동 종 급 복

亦以金穀貸民、
역 이 금 곡 대 민

求爾與我、
구 이 여 아

免其利息、
면 기 리 식

느5:11

今請以其田疇、
금 청 이 기 전 주

葡萄園、
포 도 원

橄欖園、
감 람 원

及第宅、
급 제 댁

並所取金穀酒油百一
병 소 취 금 곡 주 유 백 일

之利、
지 리

悉反之、
실 반 지

느5:12

衆曰、
중 왈

我必反之、
아 필 반 지

不取於彼、
불 취 어 피

咸遵爾言、
함 준 이 언

我遂召祭司至、
아 수 소 제 사 지

使衆發誓、
사 중 발 서

踐其所許、
천 기 소 허

느5:13

我則振衣曰、
아 칙 진 의 왈

凡不踐其言者、
범 불 천 기 언 자

願祆上帝如是振之、
원 천 상 제 여 시 진 지

俾離家室、
비 리 가 실

及其職業、
급 기 직 업

使之匱乏、
사 지 궤 핍

會衆曰、
회 중 왈

阿們、
아 문

遂頌讚耶和華、
수 송 찬 야 화 화

民依所許而行、
민 의 소 허 이 행

느5:14

自我被立爲猶大方伯、
자 아 피 립 위 유 대 방 백

於亞達薛西王二十年、
어 아 달 설 서 왕 이 십 년

至三十二年、
지 삼 십 이 년

共十二年、
공 십 이 년

我與同宗、
아 여 동 종

未食方伯之祿、
미 식 방 백 지 록

느5:15

前方伯責民供億、
전 방 백 책 민 공 억

日索糈糧與酒、
일 색 서 량 여 주

銀四十舍客勒、
은 사 십 사 객 륵

僕從亦從而挾制之、
복 종 역 종 이 협 제 지

我寅畏祆上帝不行
아 인 외 천 상 제 불 행

是、
시

느5:16

惟誌於建垣、
유 지 어 건 원

不置田畝、
불 치 전 무

我之僕從、
아 지 복 종

咸集操作、
함 집 조 작

느5:17

除自四周異邦而來之
제 자 사 주 이 방 이 래 지

人外、
인 외

有猶大人及有司、
유 유 대 인 급 유 사

百五十人、
백 오 십 인

與我同席而食、
여 아 동 석 이 식

느5:18

日備牡牛一、
일 비 모 우 일

肥羊六、
비 양 육

亦備禽類、
역 비 금 류

十日一次、
십 일 일 차

備各品之酒、
비 각 품 지 주

雖然、
수 연

仍不求方伯之祿、
잉 불 구 방 백 지 록

因斯民役重故也、
인 사 민 역 중 고 야

느5:19

我祆上帝歟、
아 천 상 제 여

我爲斯民所施行者、
아 위 사 민 소 시 행 자

求爾垂念、
구 이 수 념

而施恩焉、
이 시 은 언

尼希米記 第六章
니 희 미 기 제 륙 장

느6:1

或告參巴拉、
혹 고 참 파 랍

多比雅、
다 비 아

亞拉伯人基善、
아 랍 백 인 기 선

及其餘仇敵、
급 기 여 구 적

言我築垣旣畢、
언 아 축 원 기 필

無復破壞、
무 복 파 괴

是時、
시 시

門未置扉、
문 미 치 비

느6:2

參巴拉與基善遣使謂
참 파 랍 여 기 선 견 사 위

我曰、
아 왈

請至阿挪平原之鄉、
청 지 아 나 평 원 지 향

我儕晤會、
아 제 오 회

惟彼意欲害我、
유 피 의 욕 해 아

느6:3

我遣使詣之曰、
아 견 사 예 지 왈

我經營鉅工、
아 경 영 거 공

弗能往、
불 능 왕

奚可止工而詣爾乎、
해 가 지 공 이 예 이 호

느6:4

彼如是遣使者四、
피 여 시 견 사 자 사

我答之如前言、
아 답 지 여 전 언

느6:5

參巴拉五遣使、
참 파 랍 오 견 사

手執未封之書至、
수 집 미 봉 지 서 지

느6:6

書曰、
서 왈

列邦有此風傳、
열 방 유 차 풍 전

迦施慕亦言之、
가 시 모 역 언 지

爾與猶大人謀叛、
이 여 유 대 인 모 반

是以建垣、
시 이 건 원

欲爲其王、
욕 위 기 왕

느6:7

爾命先知在耶路撒
이 명 선 지 재 야 로 살

冷、
랭

指爾而宣告曰、
지 이 이 선 고 왈

在猶大有王矣、
재 유 대 유 왕 의

此言必傳於王、
차 언 필 전 어 왕

故請至此、
고 청 지 차

爾我相議、
이 아 상 의

느6:8

我遣使詣之曰、
아 견 사 예 지 왈

爾之所言、
이 지 소 언

實無其事、
실 무 기 사

乃爾中心揑造、
내 이 중 심 날 조

느6:9

蓋彼衆慾恐我、
개 피 중 욕 공 아

意謂我手必弱、
의 위 아 수 필 약

以致工作不得成功、
이 치 공 작 불 득 성 공

然我乃強厥手、○
연 아 내 강 궐 수

느6:10

米希大別孫、
미 희 대 별 손

第來雅子示瑪雅、
제 래 아 자 시 마 아

杜門不出、
두 문 불 출

我造其廬、
아 조 기 려

彼謂我曰、
피 위 아 왈

爾我會於祆上帝室、
이 아 회 어 천 상 제 실

進其殿、
진 기 전

閉其門、
폐 기 문

有人欲殺爾、
유 인 욕 살 이

今夕必至、
금 석 필 지

느6:11

我曰、
아 왈

如我者、
여 아 자

豈可逃遁乎、
기 가 도 둔 호

如我者、
여 아 자

孰願入殿以保其生
숙 원 입 전 이 보 기 생

乎、
호

我不入也、
아 불 입 야

느6:12

吾知其人非祆上帝所
오 지 기 인 비 천 상 제 소

遣、
견

乃受多比雅參巴拉之
내 수 다 비 아 참 파 랍 지

賄、
회

以此預言告我、
이 차 예 언 고 아

느6:13

其人受賄、
기 인 수 회

乃慾恐我、
내 욕 공 아

使我犯罪、
사 아 범 죄

可播惡言、
가 파 악 언

得以謗我、
득 이 방 아

느6:14

我祆上帝歟、
아 천 상 제 여

多比雅、
다 비 아

參巴拉、
참 파 랍

女先知挪亞底、
녀 선 지 나 아 저

及其餘先知、
급 기 여 선 지

慾恐我者、
욕 공 아 자

求爾憶其所爲焉、○
구 이 억 기 소 위 언

느6:15

於以祿月二十五日、
어 이 록 월 이 십 오 일

建垣完竣、
건 원 완 준

共歷五旬有二日、
공 력 오 순 유 이 일

느6:16

衆敵四周之異邦人聞
중 적 사 주 지 이 방 인 문

此、
차

則恐懼喪膽、
칙 공 구 상 담

蓋知此工、
개 지 차 공

乃我祆上帝所經營
내 아 천 상 제 소 경 영

也、
야

느6:17

時、
시

猶大顯者數致書多比
유대현자수치서다비

雅、
아

多比雅亦以書覆之、
다비아역이서복지

느6:18

蓋多此雅爲亞拉子示
개다차아위아랍자시

迦尼之壻、
가니지서

其子約哈難、
기자약합난

娶比利迦子米書蘭之
취비리가자미서란지

女、
녀

故猶大人多與之結
고유대인다여지결

盟、
맹

느6:19

衆於我前譽多比雅所
중 어 아 전 예 다 비 아 소

爲、
위

亦以我言告之、
역 이 아 언 고 지

多比雅致書以恐我、
다 비 아 치 서 이 공 아

尼希米記 第七章
니 희 미 기 제 칠 장

느7:1

建垣既竣、
건 원 기 준

我置門扉、
아 치 문 비

立司閽者、
립 사 혼 자

謳歌者、
구 가 자

及利未人、
급 리 미 인

느7:2

立吾弟哈拿尼、
립 오 제 합 나 니

及司保障之哈拿尼
급 사 보 장 지 합 나 니

雅、
아

同治耶路撒冷、
동 치 야 로 살 랭

哈拿尼雅爲人忠誠、
합 나 니 아 위 인 충 성

寅畏祆上帝、
인 외 천 상 제

超越於衆、
초 월 어 중

느7:3

我告之曰、
아 고 지 왈

待日上升、
대 일 상 승

乃可啓耶路撒冷邑
내 가 계 야 로 살 랭 읍

門、
문

閽人尚立守時、
혼 인 상 립 수 시

卽令閉門上楗、
즉 령 폐 문 상 건

又使居民、
우 사 거 민

依其班次、
의 기 반 차

各於室前防守、
각 어 실 전 방 수

느7:4

其城廣大、
기 성 광 대

居民鮮少、
거 민 선 소

第宅未建、
제 댁 미 건

느7:5

我祆上帝感我之心、
아 천 상 제 감 아 지 심

集諸顯者、
집 제 현 자

民長庶民、
민 장 서 민

循其譜系核之、
순 기 보 계 핵 지

初歸者之譜系、
초 귀 자 지 보 계

爲我所得、
위 아 소 득

載曰、
재 왈

느 7:6

猶大州人、
유 대 주 인

爲巴比倫王尼布甲尼
위 파 비 륜 왕 니 포 갑 니

撒所虜者、
살 소 로 자

今自俘囚、
금 자 부 수

返耶路撒冷及猶大、
반 야 로 살 랭 급 유 대

各居其邑、
각 거 기 읍

느 7:7

乃與所羅巴伯、
내 여 소 라 파 백

耶書亞、
야 서 아

尼希米、
니 히 미

亞撒利雅、
아 살 리 아

拉米、
랍 미

或曰利來亞拿哈瑪
혹 왈 리 래 아 나 합 마

尼、
니

末底改、
말 저 개

必珊、
필 산

米斯毘列、
미 사 비 열

比革瓦伊、
비 혁 와 이

尼宏、
니 굉

巴拿偕來、
파 나 해 래

其數列左、
기 수 열 좌

느7:8

巴錄裔、
파록예

二千一百七十二人、
이천일백칠십이인

느7:9
示法提雅裔、
시법제아예

三百七十二人、
삼백칠십이인

느7:10
亞拉裔、
아랍예

六百五十二人、
육백오십이인

느7:11
巴哈摩押裔、
파합마압예

卽耶書亞及約押子孫、
즉야서아급약압자손

二千八百十八人、
이천팔백십팔인

느7:12

以擱裔、
이 란 예

一千二百五十四人、
일 천 이 백 오 십 사 인

느7:13
薩土裔、
살 토 예

八百四十五人、
팔 백 사 십 오 인

느7:14
薩改裔、
살 개 예

七百六十人、
칠 백 육 십 인

느7:15
賓內裔、
빈 내 예

六百四十八人、
육 백 사 십 팔 인

느7:16
比拜裔、
비 배 예

六百二十八人、
육 백 이 십 팔 인

느7:17

押甲裔、
압 갑 예

二千三百二十二人、
이 천 삼 백 이 십 이 인

느7:18
亞多尼乾裔、
아 다 니 건 예

六百六十七人、
육 백 육 십 칠 인

느7:19
比革瓦伊裔、
비 혁 와 이 예

二千有六十七人、
이 천 유 육 십 칠 인

느7:20
亞丁裔、
아 정 예

六百五十五人、
육 백 오 십 오 인

느7:21
亞特裔、
아 특 예

卽希西家子孫、
즉 희 서 가 자 손

九十八人、
구 십 팔 인

느7:22

哈順裔、
합 순 예

三百二十八人、
삼 백 이 십 팔 인

느7:23

比賽裔、
비 새 예

三百二十四人、
삼 백 이 십 사 인

느7:24

哈拉裔、
합 랍 예

百有十二人、
백 유 십 이 인

느7:25

基遍人、
기 편 인

九十五人、
구 십 오 인

느7:26

伯利恆、
백 리 긍

尼陀法之人、
니 타 법 지 인

一百八十八人、
일 백 팔 십 팔 인

느7:27
亞拿突人、
아 나 돌 인

一百二十八人、
일 백 이 십 팔 인

느7:28
伯亞斯瑪弗人、
백 아 사 마 불 인

四十二人、
사 십 이 인

느7:29
基列耶琳基非拉比錄
기 열 야 림 기 비 랍 비 록

之人、
지 인

七百四十三人、
칠 백 사 십 삼 인

느7:30
拉瑪迦巴之人、
랍 마 가 파 지 인

六百二十一人、
육 백 이 십 일 인

느7:31

默瑪人、
묵 마 인

一百二十二人、
일 백 이 십 이 인

느7:32

伯特利及艾之人、
백 특 리 급 애 지 인

一百二十三人、
일 백 이 십 삼 인

느7:33

其他尼波之人、
기 타 니 파 지 인

五十二人、
오 십 이 인

느7:34

其他以攔之裔、
기 타 이 란 지 예

一千二百五十四人、
일 천 이 백 오 십 사 인

느7:35

哈琳裔、
합 림 예

三百二十人、
삼 백 이 십 인

느7:36

耶利哥人、
야 리 가 인

三百四十五人、
삼 백 사 십 오 인

느7:37

羅德哈第阿挪之人、
라 덕 합 제 아 나 지 인

七百二十一人、
칠 백 이 십 일 인

느7:38

西拿人、
서 나 인

三千九百三十人、
삼 천 구 백 삼 십 인

느7:39

爲祭司者、
위 제 사 자

耶書亞家、
야 서 아 가

耶大雅裔、
야 대 아 예

九百七十三人、
구 백 칠 십 삼 인

느7:40
音麥裔、
음 맥 예
一千有五十二人、
일 천 유 오 십 이 인

느7:41
巴施戶珥裔、
파 시 호 이 예
一千二百四十七人、
일 천 이 백 사 십 칠 인

느7:42
哈琳裔、
합 림 예
一千有十七人、
일 천 유 십 칠 인

느7:43
利未人、
리 미 인
何達威裔、
하 달 위 예
即耶書亞甲篾子孫、
즉 야 서 아 갑 멸 자 손

七十四人、
칠 십 사 인

느7:44
謳歌者、
구 가 자

亞薩裔、
아 삽 예

一百四十八人、
일 백 사 십 팔 인

느7:45
司閽者、
사 혼 자

沙龍、
사 룡

亞特、
아 특

達們、
달 문

亞穀、
아 곡

哈底大、
합 저 대

朔拜之裔、
삭 배 지 예

共一百三十八人、
공 일 백 삼 십 팔 인

느 7:46

尼提寗人、
니 제 녕 인

西哈、
서 함

哈蘇巴、
하 소 파

答巴俄、
답 파 아

느 7:47

基綠、
기 록

西亞、
서 아

巴頓、
파 돈

느 7:48

利巴拿、
리 파 나

哈迦巴、
학 가 파

薩買、
살 매

느7:49

哈 難、
합 난

吉 德、
길 덕

迦 哈、
가 합

느7:50

利 亞 雅、
리 아 아

利 汛、
리 신

尼 哥 大、
니 가 대

느7:51

迦 散、
가 산

烏 撒、
오 살

巴 西 亞、
파 서 아

느7:52

比 賽、
비 새

米烏甯、
미 오 녕

尼普心、
니 보 심

느7:53

巴卜、
파 복

哈穀巴、
합 곡 파

哈忽、
합 홀

느7:54

巴洗律、
파 세 룻

米希大、
미 히 대

哈沙、
합 사

느7:55

巴柯、
파 가

西西拉、
서 서 랍

答瑪、
답 마

느7:56

尼細亞、
니 세 아

哈提法、
합 제 법

諸人之裔、
제 인 지 예

느7:57

所羅門僕之後、
소 라 문 복 지 후

瑣太、
쇄 태

瑣斐列、
쇄 비 열

比路大、
비 로 대

느7:58

雅拉、
아 랍

達昆、
달 곤

吉德、
길 덕

느7:59

示法提雅、
시 법 제 아

哈替、
합 체

玻黑列哈斯巴音、
파 흑 열 함 사 파 음

亞們、
아 문

諸人之裔、
제 인 지 예

느7:60

尼提甯人、
니 제 녕 인

及所羅門僕之後、
급 소 라 문 복 지 후

共三百九十二人、
공 삼 백 구 십 이 인

느7:61

有自特米拉、
유 자 특 미 랍

特哈薩、
특 합 살

基綠、
기 록

亞頓、
아 돈

音麥而來者、
음 맥 이 래 자

不能述其宗族譜系、
불 능 술 기 종 족 보 계

不知屬以色列否、
불 지 속 이 색 열 부

느7:62

即第來雅、
즉 제 래 아

多比雅、
다 비 아

尼哥大之裔、
니 가 대 지 예

共六百四十二人、
공 육 백 사 십 이 인

느7:63

祭司之後、
제 사 지 후

有哈巴雅、
유 합 파 아

哈哥斯、
합 가 사

巴西萊之裔、
파 서 래 지 예

巴西萊娶基列人巴西
파 서 래 취 기 열 인 파 서

萊之女、
래 지 녀

因以其名名己、
인 이 기 명 명 기

느7:64

此三家之裔、
차 삼 가 지 예

索其譜系不獲、
색 기 보 계 불 획

故爲不潔、
고 위 불 결

不得供祭司之職、
불 득 공 제 사 지 직

느7:65

方伯曰、
방 백 왈

至聖的物、
지 성 적 물

彼不可食、
피 불 가 식

迨至有烏陵土明之祭
태 지 유 오 릉 토 명 지 제

司起、
사 기

느7:66

會衆計四萬二千三百
회 중 계 사 만 이 천 삼 백

六十人、
육 십 인

느7:67

此外、
차 외

有僕婢七千三百三十
유 복 비 칠 천 삼 백 삼 십

七人、
칠 인

男女謳歌者、
남 녀 구 가 자

二百四十五人、
이 백 사 십 오 인

느7:68

馬七百三十六、
마 칠 백 삼 십 육

騾二百四十五、
라 이 백 사 십 오

느7:68

駝四百三十五、
타 사 백 삼 십 오

驢六千七百二十、
려 육 천 칠 백 이 십

느7:70

有族長爲工作而輸、
유 족 장 위 공 작 이 수

方伯輸庫、
방 백 수 고

金幣一千、
금 폐 일 천

盂五十、
우 오 십

祭司之衣五百三十、
제 사 지 의 오 백 삼 십

느7:71

又有族長輸於工作
우 유 족 장 수 어 공 작

庫、
고

金幣二萬、
금 폐 이 만

銀二千二百彌拿、
은 이 천 이 백 미 나

느7:72

餘民輸金幣二萬、
여 민 수 금 폐 이 만

銀二千彌拿、
은 이 천 미 나

祭司之衣六十七、
제 사 지 의 육 십 칠

느7:73

於是祭司利未人、
어 시 제 사 리 미 인

司閽者、
사 혼 자

謳歌者、
구 가 자

民間庶人、
민 간 서 인

尼提甯人、
니 제 녕 인

與以色列衆、
여 이 색 열 중

各居其邑、
각 거 기 읍

尼希米記 第八章
니 희 미 기 제 팔 장

느8:1

七月旣居、
칠 월 기 거

以色列族居於故邑、
이 색 열 족 거 어 고 읍

衆如一人、
중 여 일 인

集於水門前之場、
집 어 수 문 전 지 장

請文士以斯拉攜摩西
청 문 사 이 사 랍 휴 마 서

律書、
률 서

耶和華所命於以色列
야 화 화 소 명 어 이 색 열

人者、
인 자

느8:2

七月朔、
칠 월 삭

祭司以斯拉攜律、
제 사 이 사 랍 휴 률

至會衆男女、
지 회 중 남 녀

凡能聽而明者之前、
범 능 청 이 명 자 지 전

느8:3

自朝至於日中、
자 조 지 어 일 중

在水門前之場、
재 수 문 전 지 장

對諸男女凡能明者誦
대 제 남 녀 범 능 명 자 송

之、
지

民皆傾耳而聽、
민 개 경 이 이 청

느8:4

文士以斯拉立於特備
문 사 이 사 랍 립 어 특 비

木臺之上、
목 대 지 상

瑪他提雅、
마 타 제 아

示瑪、
시 마

亞奈雅、
아 내 아

烏利亞、
오 리 아

希勒家、
희 륵 가

瑪西雅、
마 서 아

侍於右、
시 어 우

毘大雅、
비 대 아

米沙利、
미 사 리

瑪基雅、
마 기 아

哈順、
합 순

哈拔大拿、
합 발 대 나

撒迦利雅、
살 가 리 아

米書蘭、
미 서 란

侍於左、
시 어 좌

느8:5

以斯拉立於民上、
이 사 랍 립 어 민 상

展書、
전 서

爲衆目擊、
위 중 목 격

民皆起立、
민 개 기 립

느8:6

以斯拉頌讚惟皇祆上
이 사 랍 송 찬 유 황 천 상

帝耶和華、
제 야 화 화

民咸擧手、
민 함 거 수

應曰、
응 왈

阿們、
아 문

阿們、
아 문

遂俯首崇拜耶和華、
수 부 수 숭 배 야 화 화

느8:7

耶書亞、
야 서 아

巴尼、
파 니

示利比、
시 리 비

雅憫、
아 민

亞轂、
아 곡

沙比太、
사 비 태

何第雅、
하 제 아

瑪西雅、
마 서 아

基利他、
기 리 타

亞撒利雅、
아 살 리 아

約撒拔、
약 살 발

哈難、
합 난

毘萊雅、
비 래 아

與利未人、
여 리 미 인

訓民明律、
훈 민 명 률

庶民立於其所、
서 민 립 어 기 소

느8:8

利未人朗誦祆上帝律
리 미 인 랑 송 천 상 제 률

書、
서

解釋其義、
해 석 기 의

俾民洞悉所誦者、
비 민 동 실 소 송 자

느8:9

民聞律詞、
민 문 률 사

咸哭、
함 곡

方伯尼希米、
방 백 니 희 미

文士祭司以斯拉、
문 사 제 사 이 사 랍

與訓民之利未人、
여 훈 민 지 리 미 인

告之曰、
고 지 왈

今乃爾祆上帝耶和華
금 내 이 천 상 제 야 화 화

之聖日、
지 성 일

毋悲毋哭、
무 비 무 곡

느8:10

又曰、
우 왈

往哉、
왕 재

食肥飮甘、
식 비 음 감

無者頒之、
무 자 반 지

此乃我主之聖日、
차 내 아 주 지 성 일

毋憂戚、
무 우 척

因耶和華而樂、
인 야 화 화 이 악

是爲爾之能力、
시 위 이 지 능 력

느8:11

利未人肅衆曰、
리 미 인 숙 중 왈

今乃聖日、
금 내 성 일

當靜默、
당 정 묵

毋憂戚、
무 우 척

느8:12

民往飮食、
민 왕 음 식

亦頒肴饌、
역 반 효 찬

歡然喜樂、
환 연 희 악

因明所宣之言也、○
인 명 소 선 지 언 야

느8:13

翌日、
익 일

民衆之族長、
민 중 지 족 장

及祭司利未人、
급 제 사 리 미 인

咸集於文士以斯拉
함 집 어 문 사 이 사 랍

所、
소

慾詳聽法律之言、
욕 상 청 법 률 지 언

느8:14

見律載耶和華命摩西
견 률 재 야 화 화 명 마 서

云、
운

於七月節期、
어 칠 월 절 기

以色列人當居於廬、
이 색 열 인 당 거 어 려

느8:15

並在諸邑、
병 재 제 읍

及耶路撒冷宣告曰、
급 야 로 살 랭 선 고 왈

爾往於山、
이 왕 어 산

取橄欖、
취 감 람

及野橄欖、
급 야 감 람

崗拈、
강 념

棕樹、
종 수

與諸茂樹之枝、
여 제 무 수 지 지

遵律所載、
준 률 소 재

以構斯廬、
이 구 사 려

느8:16

民遂出、
민 수 출

取枝構廬、
취 지 구 려

在屋巔院內、
재 옥 전 원 내

祆上帝室院、
천 상 제 실 원

及水門場、
급 수 문 장

以法蓮門場、
이 법 련 문 장

느8:17

自俘囚而歸之會衆、
자부수이귀지회중

咸構廬、
함구려

處其中、
처기중

喜樂不勝、
희악불승

自嫩之子約書亞時、
자눈지자약서아시

迄於今日、
흘어금일

以色列族未嘗行是、
이색열족미상행시

느8:18

自首日至末日、
자수일지말일

以斯拉日誦祆上帝之
이사랍일송천상제지

律書、
률서

民衆守節七日、
민중수절칠일

越至八日、
월지팔일

循其常例、
순 기 상 례

而集肅會、
이 집 숙 회

尼希米記 第九章
니 희 미 기 제 구 장

느9:1
是月二十四日、
시 월 이 십 사 일

以色列族咸集、
이 색 열 족 함 집

禁食、
금 식

衣麻、
의 마

蒙塵、
몽 진

느9:2
與異邦人絕交、
여 이 방 인 절 교

立而自認己罪、
립 이 자 인 기 죄

及列祖之愆、
급 열 조 지 건

느9:3

是日之時、
시 일 지 시

四分之一立於其所、
사 분 지 일 립 어 기 소

誦其祆上帝耶和華之
송 기 천 상 제 야 화 화 지

律書、
률 서

四分之一認罪、
사 분 지 일 인 죄

崇拜其祆上帝耶和
숭 배 기 천 상 제 야 화

華、
화

느9:4

耶書亞、
야 서 아

巴尼、
파 니

甲篾、
갑 멸

示巴尼、
시 파 니

布尼、
포 니

示利比、
시 리 비

巴尼、
파 니

基拿尼、
기 나 니

登利未人之臺、
등 리 미 인 지 대

大聲呼籲其袄上帝耶
대 성 호 유 기 천 상 제 야

和華、
화 화

느 9:5

利未人耶書亞、
리 미 인 야 서 아

甲篾、
갑 멸

巴尼、
파 니

哈沙尼、
합 사 니

示利比、
시 리 비

何第雅、
하 제 아

示巴尼、
시 파 니

毘他希雅、
비 타 희 아

謂衆曰、
위 중 왈

爾其起立、
이 기 기 립

頌讚爾之祆上帝耶和華、
송 찬 이 지 천 상 제 야 화 화

永世靡暨、
영 세 미 기

頌讚其榮名、
송 찬 기 영 명

斯名也、
사 명 야

超乎一切頌美讚揚、
조 호 일 절 송 미 찬 양

느 9:6

惟爾爲耶和華、
유 이 위 야 화 화

爾造天與天上之天、
이 조 천 여 천 상 지 천

及諸天象、
급 제 천 상

地曁其上所有、
지 기 기 상 소 유

海與其中所有、
해 여 기 중 소 유

俱爲爾所保存、
구 위 이 소 보 존

諸天軍崇拜爾、
제 천 군 숭 배 이

느9:7

爾乃祆上帝耶和華、
이 내 천 상 제 야 화 화

昔簡亞伯蘭、
석 간 아 백 란

導出迦勒底之吾珥、
도 출 가 륵 저 지 오 이

錫名亞伯拉罕、
석 명 아 백 랍 한

느9:8

見其忠心、
견 기 충 심

與之立約、
여 지 립 약

以迦南人、
이 가 남 인

赫人、
혁 인

亞摩利人、
아 마 리 인

比利洗人、
비 리 세 인

耶布斯人、
야 포 사 인

革迦撒人之地、
혁 가 살 인 지 지

錫其苗裔、
석 기 묘 예

緣爾公義、
연 이 공 의

踐厥前言、
천 궐 전 언

느 9:9

我之列祖、
아 지 열 조

受苦於埃及、
수 고 어 애 급

爾鑒之、
이 감 지

哀號於紅海、
애 호 어 홍 해

爾聞之、
이 문 지

느9:10

遂行異蹟奇事、
수 행 이 적 기 사

以懲法老、
이 징 법 로

及其臣僕國民、
급 기 신 복 국 민

蓋其狂傲待我列祖、
개 기 광 오 대 아 열 조

爲爾所知、
위 이 소 지

是以爾名洋溢、
시 이 이 명 양 일

有如今日、
유 여 금 일

느9:11

爾於我列祖前、
이 어 아 열 조 전

使海中判、
사 해 중 판

俾民履陸過海、
비 민 리 륙 과 해

敵人追襲、
적 인 추 습

爾擲之於深淵、
이 척 지 어 심 연

如投石於巨浸、
여 투 석 어 거 침

느9:12

晝在雲柱導之、
주 재 운 주 도 지

夜在火柱燭其當行之
야 재 화 주 촉 기 당 행 지

路、
로

느9:13

爾降臨於西乃山、
이 강 림 어 서 내 산

自天諭之、
자 천 유 지

賜以中正之律例、
사 이 중 정 지 률 례

誠實之法度、
성 실 지 법 도

美善之典章誡命、
미 선 지 전 장 계 명

느9:14

示知安息聖日、
시 지 안 식 성 일

又藉爾僕摩西、
우 자 이 복 마 서

以誡命典章法律諭
이 계 명 전 장 법 률 유

之、
지

느9:15

爾以天降之糧充其
이 이 천 강 지 량 충 기

饑、
기

磐湧之水解其渴、
반 용 지 수 해 기 갈

昔爾舉手而誓、
석 이 거 수 이 서

所錫之地、
소 석 지 지

命彼入而據之、
명 피 입 이 거 지

느9:16

惟我列祖、
유 아 열 조

驕矜強項、
교 긍 강 항

不聽爾命、
불 청 이 명

느9:17

不肯順從、
불 긍 순 종

不念爾於其中所行之
불 념 이 어 기 중 소 행 지

奇事、
기 사

強項悖逆、
강 항 패 역

自立一帥、
자 립 일 수

慾返奴隸之境、
욕 반 노 례 지 경

惟爾祆上帝、
유 이 천 상 제

樂於赦宥、
악 어 사 유

仁慈矜憫、
인 자 긍 민

遲於發怒、
지 어 발 노

富有恩惠、
부 유 은 혜

不離棄之、
불 리 기 지

느9:18

彼衆鑄犢、
피 중 주 독

自謂此爲導爾出埃及
자 위 차 위 도 이 출 애 급

之祆上帝、
지 천 상 제

大干震怒、
대 간 진 노

느9:19

爾仍施恩豐盛、
이 잉 시 은 풍 성

不棄之於野、
불 기 지 어 야

晝以雲柱導之於途、
주 이 운 주 도 지 어 도

夜以火柱燭其當行之
야 이 화 주 촉 기 당 행 지

路、
로

無時或離、
무 시 혹 리

느9:20

錫爾聖善之神、
석 이 성 선 지 신

以訓迪之、
이 훈 적 지

使瑪那不缺於其口、
사 마 나 불 결 어 기 구

賜水以解其渴、
사 수 이 해 기 갈

느9:21

歷四十年、
력 사 십 년

爾養之於野、
이 양 지 어 야

無所匱乏、
무 소 궤 핍

厥衣不敝、
궐 의 불 폐

厥足不腫、
궐 족 불 종

느9:22

爾以列國諸族之土、
이 이 열 국 제 족 지 토

分賜於彼、
분 사 어 피

遂據西宏之地、
수 거 서 굉 지 지

希實本王之國、
희 실 본 왕 지 국

巴珊王噩之邦、
파 산 왕 악 지 방

느9:23

爾使其裔繁衍、
이 사 기 예 번 연

如天星之多、
여 천 성 지 다

導至所諭其祖必入而
도 지 소 유 기 조 필 입 이

據之地、
거 지 지

느9:24

旣入據之、
기 입 거 지

爾於其前、
이 어 기 전

敗斯土居民迦南人、
패 사 토 거 민 가 남 인

以民與王付於其手、
이 민 여 왕 부 어 기 수

任意而待、
임 의 이 대

느9:25

遂取鞏固之城、
수 취 공 고 지 성

膏腴之壤、
고 유 지 양

得獲充以嘉物之宅、
득 획 충 이 가 물 지 댁

鑿成之井、
착 성 지 정

葡萄園、
포 도 원

橄欖園、
감 람 원

結實之樹甚多、
결 실 지 수 심 다

食之果腹軀體豐肥、
식 지 과 복 구 체 풍 비

賴爾鴻恩而樂、
뢰 이 홍 은 이 악

느9:26

惟彼弗順、
유 피 불 순

叛逆乎爾、
반 역 호 이

背爾法律、
배 이 법 률

爾之先知勸令歸爾、
이 지 선 지 권 령 귀 이

彼乃殺之、
피 내 살 지

大干震怒、
대 간 진 노

느9:27

故爾付於敵手、
고 이 부 어 적 수

而困苦之、
이 곤 고 지

窘迫之時、
군 박 지 시

彼呼籲爾、
피 호 유 이

爾則自天垂聽、
이 칙 자 천 수 청

依爾鴻慈、
의 이 홍 자

賜以救者、
사 이 구 자

拯之於敵手、
증 지 어 적 수

느9:28

旣享綏安、
기 향 수 안

彼復行爾所惡、
피 복 행 이 소 악

爾則遺之於敵手、
이 칙 유 지 어 적 수

使轄制之、
사 할 제 지

迨其轉而籲爾、
태 기 전 이 유 이

爾仍自天垂聽、
이 잉 자 천 수 청

依爾慈惠、
의 이 자 혜

屢施救援、
루 시 구 원

느9:29

加以警戒、
가 이 경 계

使服爾律、
사 복 이 률

惟彼驕矜、
유 피 교 긍

不從爾命、
불 종 이 명

爾之律例、
이 지 률 례

人遵之則得生、
인 준 지 칙 득 생

彼乃犯之、
피 내 범 지

強項背逆、
강 항 배 역

不肯聽從、
불 긍 청 종

느9:30

爾之寬容、
이 지 관 용

歷年已久、
력 년 이 구

以爾之神感諸先知、
이 이 지 신 감 제 선 지

俾警戒之、
비 경 계 지

惟彼不聽、
유 피 불 청

故爾付於異邦人手、
고 이 부 어 이 방 인 수

느9:31

惟爾袄上帝慈仁、
유 이 천 상 제 자 인

恩寵豐盛、
은 총 풍 성

不滅之、
불 멸 지

不棄之、
불 기 지

느9:32

我袄上帝歟、
아 천 상 제 여

乃至大至能、
내 지 대 지 능

可畏之袄上帝、
가 외 지 천 상 제

踐約施恩、
천 약 시 은

凡我列王牧伯、
범 아 열 왕 목 백

祭司先知、
제 사 선 지

列祖庶民、
열 조 서 민

自亞述王迄於今日、
자 아 술 왕 흘 어 금 일

所遭患難、
소 조 환 난

祈勿視爲微小、
기 물 시 위 미 소

느9:33

所加於我、
소 가 어 아

爾無不義、
이 무 불 의

爾所行惟誠、
이 소 행 유 성

我所行惟惡、
아 소 행 유 악

느9:34

我之列王牧伯、
아 지 열 왕 목 백

祭司列祖、
제 사 열 조

不守爾律、
불 수 이 률

不從爾誡、
불 종 이 계

及爾警戒之言、
급 이 경 계 지 언

느9:35

彼在其國、
피 재 기 국

受爾所錫之厚恩、
수 이 소 석 지 후 은

居爾所賜廣大之沃土、
거 이 소 사 광 대 지 옥 토

猶不奉事爾、
유 불 봉 사 이

不悛其惡行、
불 전 기 악 행

느9:36

爾以斯土賜我列祖、
이 이 사 토 사 아 열 조

俾食其果、
비 식 기 과

及其嘉物、
급 기 가 물

我於其中、
아 어 기 중

爲人僕隸、
위 인 복 례

느9:37

因我之罪、
인 아 지 죄

爾使列王轄我、
이 사 열 왕 할 아

彼得豐盛物產於斯
피 득 풍 성 물 산 어 사

土、
토

操權於我躬、
조 권 어 아 궁

及我牲畜、
급 아 생 축

任意而爲、
임 의 이 위

我之艱苦甚巨、
아 지 간 고 심 거

느9:38

緣此、
연 자

我立盟約、
아 립 맹 약

書之於籍、
서 지 어 적

我之牧伯、
아 지 목 백

利未人祭司、
리 미 인 제 사

鈐之以印、
검 지 이 인

尼希米記 第十章
니 희 미 기 제 십 장

느10:1

鈐印之人、
검 인 지 인

哈迦利亞子方伯尼希
합 가 리 아 자 방 백 니 희

米、
미

與西底家、
여 서 저 가

느10:2

西萊雅、
서래아

亞撒利雅、
아살리아

耶利米、
야리미

느10:3

巴施戶珥、
파시호이

亞瑪利雅、
아마리아

瑪基雅、
마기아

느10:4

哈突、
핫돌

示巴尼、
시파니

瑪鹿、
마록

느10:5

哈琳、
합림

米利末、
미리말

俄巴底亞、
아 파 저 아

느10:6
但以理、
단 이 리
近頓、
근 돈
巴錄、
파 록

느10:7
米書蘭、
미 서 란
亞比雅、
아 비 아
米雅民、
미 아 민

느10:8
瑪西亞、
마 서 아
壁該、
벽 해
示瑪雅、
시 마 아
以上皆祭司、
이 상 개 제 사

느10:9

利 未 人 乃 亞 撒 尼 子 耶
리 미 인 내 아 살 니 자 야

書 亞、
서 아

希 拿 達 子 賓 內、
희 나 달 자 빈 내

及 甲 篾、
급 갑 멸

느10:10

與 同 宗 示 巴 尼、
여 동 종 시 파 니

何 第 雅、
하 제 아

基 利 他、
기 리 타

毘 萊 雅、
비 래 아

哈 難、
합 난

느10:11

米 迦、
미 가

利 合、
리 합

哈沙比雅、
합 사 비 아

느10:12
撒刻、
살 각

示利比、
시 리 비

示巴尼、
시 파 니

느10:13
何第雅、
하 제 아

巴尼、
파 니

比尼努、
비 니 노

느10:14
民長乃巴錄、
민 장 내 파 록

巴哈摩押、
파 합 마 압

以攔、
이 란

薩土、
살 도

巴尼、
파 니

느10:15

布尼、
포 니

押甲、
압 갑

比拜、
비 배

느10:16

亞多尼雅、
아 다 니 아

比革瓦伊、
비 혁 와 이

亞丁、
아 정

느10:17

亞特、
아 특

希西家、
희 서 가

押朔、
압 삭

느10:18

荷第雅、
하 제 아

哈順、
합 순

比賽、
비 새

느10:19

哈拉、
합 랍

亞拿突、
아 나 돗

尼拜、
니 배

느10:20

抹比押、
막 비 압

米書蘭、
미 서 란

希悉、
희 실

느10:21

米示薩別、
미 시 살 별

撒督、
살 독

押杜亞、
압 두 아

느10:22
毘拉提、
비 랍 제

哈難、
할 난

亞奈雅、
아 내 아

느10:23
何細亞、
하 세 아

哈拿尼雅、
할 나 니 아

哈述、
할 숩

느10:24
哈羅黑、
할 라 흑

毘利哈、
비 리 할

朔百、
삭 백

느10:25

利宏、
리굉

哈沙拿、
핫사나

瑪西雅、
마서야

느10:26

亞希雅、
아히야

哈難、
하난

亞難、
아난

느10:27

瑪鹿、
말룩

哈琳、
하림

巴拿、 ○
바아나

느10:28

餘民、
여민

祭司、
제사

利未人、
리 미 인

司閽者、
사 혼 자

謳歌者、
구 가 자

尼提甯人、
니 제 녕 인

及與異邦人絕交、
급 여 이 방 인 절 교

從祆上帝律者、
종 천 상 제 률 자

各偕妻孥、
각 해 처 노

凡有知識聰明者、
범 유 지 식 총 명 자

느10:29

皆從同宗顯者、
개 종 동 종 현 자

發誓設詛、
발 서 설 저

必遵祆上帝僕摩西所
필 준 천 상 제 복 마 서 소

傳祆上帝之律、
전 천 상 제 지 률

守我主耶和華一切誡
수 아 주 야 화 화 일 절 계

命、
명

律例典章、
률 례 전 장

느10:30

不以我女嫁斯土之
불 이 아 녀 가 사 토 지

民、
민

不爲我子娶其女、
불 위 아 자 취 기 녀

느10:31

如斯土之民於安息
여 사 토 지 민 어 안 식

日、
일

擕貨物糧食而鬻之、
휴 화 물 량 식 이 죽 지

我儕於安息日、
아 제 어 안 식 일

或聖日、
혹 성 일

必不購之、
필 불 구 지

每屆七年、
매 계 칠 년

休息土壤、
휴 식 토 양

貸金者豁免之、
대 금 자 활 면 지

느10:32

我亦定例、
아 역 정 례

每歲各輸金一舍客勒
매 세 각 수 금 일 사 객 륵

三分之一、
삼 분 지 일

供我祆上帝室中之
공 아 천 상 제 실 중 지

役、
역

느10:33

如陳設之餅、
여 진 설 지 병

日獻之素祭燔祭、
일 헌 지 소 제 번 제

安息日、
안 식 일

月朔、
월 삭

節期之祭、
절 기 지 제

與聖物、
여 성 물

以色列族之贖罪祭、
이 색 열 족 지 속 죄 제

及我祆上帝室中諸
급 아 천 상 제 실 중 제

用、
용

느10:34

我儕祭司利未人及庶
아 제 제 사 리 미 인 급 서

民、
민

掣籤、
체 첨

各依宗族、
각 의 종 족

歲定厥期、
세 정 궐 기

獻柴於我袄上帝室、
헌 시 어 아 천 상 제 실

焚於我袄上帝耶和華
분 어 아 천 상 제 야 화 화

壇、
단

循律所載、
순 률 소 재

느10:35

又定厥例、
우 정 궐 례

歲攜初登之土產、
세 휴 초 등 지 토 산

始實之樹果、
시 실 지 수 과

薦於耶和華室、
천 어 야 화 화 실

느10:36

以我初胎之男、
이 아 초 태 지 남

首生之牛羊、
수 생 지 우 양

奉於我袄上帝室、
봉 어 아 천 상 제 실

給其中供職之祭司、
급 기 중 공 직 지 제 사

循律所載、
순 률 소 재

느10:37

新麥之屑、
신 맥 지 설

與擧祭、
여 거 제

諸樹之果、
제 수 지 과

及酒油、
급 주 유

納諸祭司、
납 제 제 사

貯於我祆上帝室之府
저 어 아 천 상 제 실 지 부

庫、
고

取田所產、
취 전 소 산

什一以奉利未人、
십 일 이 봉 리 미 인

蓋利未人於我所居諸
개 리 미 인 어 아 소 거 제

邑、
읍

得其物產之什一、
득 기 물 산 지 십 일

느10:38

利未人取什一時、
리 미 인 취 십 일 시

亞倫子孫爲祭司者、
아 륜 자 손 위 제 사 자

當有一人與俱、
당 유 일 인 여 구

利未人自所得什一
리 미 인 자 소 득 십 일

中、
중

復取其什一、
복 취 기 십 일

擕入祆上帝室、
휴 입 천 상 제 실

貯於府庫、
저 어 부 고

느10:39

以色列族及利未人、
이 색 열 족 급 리 미 인

當攜穀酒油爲擧祭、
당 휴 곡 주 유 위 거 제

至藏聖所器皿之屋、
지 장 성 소 기 명 지 옥

卽供職之祭司、
즉 공 직 지 제 사

司閽者、
사 혼 자

謳歌者、
구 가 자

所居之處、
소 거 지 처

我儕必不棄我祆上帝
아 제 필 불 기 아 천 상 제

室焉、
실 언

尼希米記 第十一章
니 희 미 기 제 십 일 장

느 11:1

民長居耶路撒冷、
민 장 거 야 로 살 랭

餘民掣籤、
여 민 체 첨

於十人中、
어 십 인 중

使一人居耶路撒冷聖
사 일 인 거 야 로 살 랭 성

邑、
읍

九人居於他邑、
구 인 거 어 타 읍

느11:2

凡樂意居耶路撒冷
범 악 의 거 야 로 살 랭

者、
자

民爲之祝嘏、
민 위 지 축 하

느11:3

以色列族、
이 색 열 족

祭司利未人、
제 사 리 미 인

尼提甯人、
니 제 녕 인

與所羅門僕之裔、
여 소 라 문 복 지 예

咸居猶大諸邑、
함 거 유 대 제 읍

各有其業、
각 유 기 업

居耶路撒冷之州長、
거 야 로 살 랭 지 주 장

其名如左、
기 명 여 좌

느 11:4

中有猶大人、
중 유 유 대 인

便雅憫人、
편 아 민 인

猶大人中、
유 대 인 중

有法勒斯裔、
유 법 륵 사 예

烏西雅子亞他雅、
오 서 아 자 아 타 아

烏西雅乃撒迦利雅
오 서 아 내 살 가 리 아

子、
자

撒迦利雅乃亞瑪利雅
살 가 리 아 내 아 마 리 아

子、
자

亞瑪利雅乃示法提雅
아 마 리 아 내 시 법 제 아

子、
자

示法提雅乃瑪勒列
시 법 제 아 내 마 륵 열

子、
자

느11:5

又有巴錄子瑪西雅、
우 유 파 록 자 마 서 아

巴錄乃穀何西子、
파 록 내 곡 하 서 자

穀何西乃哈賽雅子、
곡 하 서 내 합 새 아 자

哈賽雅乃亞大雅子、
합 새 아 내 아 대 아 자

亞大雅乃約雅立子、
아 대 아 내 약 아 립 자

約雅立乃撒迦利雅
약 아 립 내 살 가 리 아

子、
자

撒迦利雅乃示羅尼
살 가 리 아 내 시 라 니

子、
자

느11:6

法勒斯裔居耶路撒冷
법 륵 사 예 거 야 로 살 랭

者、
자

共四百六十八人、
공 사 백 육 십 팔 인

皆爲勇士、
개 위 용 사

느11:7

便雅憫人中、
편 아 민 인 중

有米書蘭子撒路、
유 미 서 란 자 살 로

米書蘭乃約葉子、
미 서 란 내 약 엽 자

約葉乃毘大雅子、
약 엽 내 비 대 아 자

毘大雅乃哥賴雅子、
비 대 아 내 가 뢰 아 자

哥賴雅乃瑪西雅子、
가 뢰 아 내 마 서 아 자

瑪西雅乃以鐵子、
마 서 아 내 이 철 자

以鐵乃耶篩亞子、
이 철 내 야 사 아 자

느11:8

其次、
기 차

則有迦拜撒來等、
칙 유 가 배 살 래 등

共九百二十八人、
공 구 백 이 십 팔 인

느11:9

細基利子約珥爲其
세 기 리 자 약 이 위 기

督、
독

哈西努子猶大爲副邑
합 서 노 자 유 대 위 부 읍

宰、
재

느11:10

祭司中、
제 사 중

有約雅立子耶大雅、
유 약 아 립 자 야 대 아

及雅斤、
급 아 근

느11:11

又有宰袄上帝室者、
우 유 재 전 상 제 실 자

希勒家子西萊雅、
희 륵 가 자 서 래 아

希勒家乃米書蘭子、
희 륵 가 내 미 서 란 자

米書蘭乃撒督子、
미 서 란 내 살 독 자

撒督乃米拉約子、
살 독 내 미 랍 약 자

米拉約乃亞希突子、
미 랍 약 내 아 희 돌 자

느11:12

其同宗在殿中供役
기 동 종 재 전 중 공 역

者、
자

八百二十二人、
팔 백 이 십 이 인

又有耶羅罕子亞大
우 유 야 라 한 자 아 대

雅、
아

耶羅罕乃毘拉利子、
야 라 한 내 비 랍 리 자

毘拉利乃暗洗子、
비 랍 리 내 암 세 자

暗洗乃撒迦利亞子、
암 세 내 살 가 리 아 자

撒迦利亞乃巴施戶珥
살 가 리 아 내 파 시 호 이

子、
자

巴施戶珥乃瑪基雅
파 시 호 이 내 마 기 아

子、
자

느11:13

及其同宗爲族長者、
급 기 동 종 위 족 장 자

二百四十二人、
이 백 사 십 이 인

又有亞薩列子亞瑪
우 유 아 살 열 자 아 마

帥、
수

亞薩列乃亞哈賽子、
아 살 열 내 아 합 새 자

亞哈賽乃米實利末
아 합 새 내 미 실 리 말

子、
자

米實利末乃音麥子、
미 실 리 말 내 음 맥 자

느11:14

及其同宗爲勇士者、
급 기 동 종 위 용 사 자

百有二十八人、
백 유 이 십 팔 인

哈基多琳子撒巴第業
합 기 다 림 자 살 파 제 업

爲其督、
위 기 독

느11:15

利未人中、
리 미 인 중

有哈述子示瑪雅、
유 합 술 자 시 마 아

哈述乃押利甘子、
합 술 내 압 리 감 자

押利甘乃哈沙比雅
압 리 감 내 합 사 비 아

子、
자

哈沙比雅乃布尼子、
합 사 비 아 내 포 니 자

느11:16

又有利未族長、
우 유 리 미 족 장

沙比太、
사 비 태

約撒拔、
약 살 발

司祆上帝室之外事、
사 천 상 제 실 지 외 사

느11:17

亞薩曾孫、
아 살 증 손

撒底孫、
살 저 손

米迦子瑪他尼、
미 가 자 마 타 니

於祈禱時、
어 기 도 시

爲長引讚、
위 장 인 찬

其同宗八布迦副之、
기 동 종 팔 포 가 부 지

耶杜頓曾孫、
야 두 돈 증 손

迦拉孫、
가 랍 손

沙母亞子押大亦與
사 모 아 자 압 대 역 여

焉、
언

느11:18

在聖城中、
재 성 성 중

利未族、
리 미 족

共二百八十四人、
공 이 백 팔 십 사 인

느11:19

司閽者、
사 혼 자

亞穀、
아 곡

達們、
달 문

及其同宗、
급 기 동 종

百有七十二人、
백 유 칠 십 이 인

느11:20

其餘以色列族、
기 여 이 색 열 족

祭司利未人、
제 사 리 미 인

散居猶大諸邑、
산 거 유 대 제 읍

各有其業、
각 유 기 업

느11:21

尼提甯人居於俄斐
니 제 녕 인 거 어 아 비

勒、
륵

西哈基斯帕爲其督、
서 합 기 사 파 위 기 독

느11:22

謳歌者、
구 가 자

亞薩之裔、
아 살 지 예

米迦玄孫、
미 가 현 손

瑪他尼曾孫、
마 타 니 증 손

哈沙比雅孫、
합 사 비 아 손

巴尼子烏西、
파 니 자 오 서

爲在耶路撒冷利未人
위 재 야 로 살 랭 리 미 인

之督、
지 독

司祆上帝室之事、
사 천 상 제 실 지 사

느11:23

此乃王之所命、
차 내 왕 지 소 명

且謳歌者每日所需、
차 구 가 자 매 일 소 수

有定例焉、
유 정 례 언

느11:24

猶大子謝拉裔、
유 대 자 사 랍 예

米示薩別子毘他希
미 시 살 별 자 비 타 희

雅、
아

佐王治理民事、
좌 왕 치 리 민 사

느11:25

論其鄕里田畝、
론 기 향 리 전 무

猶大人有居於基列亞
유 대 인 유 거 어 기 열 아

巴、
파

及其鄕里、
급 기 향 리

底本及其鄕里、
저 본 급 기 향 리

葉甲薛及其鄕里、
엽 갑 설 급 기 향 리

느11:26

亦在耶書亞、
역 재 야 서 아

摩拉大、
마 랍 대

伯帕列、
백 파 열

느11:27

哈薩書亞、
합 살 서 아

別是巴及其鄉里、
별 시 파 급 기 향 리

느11:28

洗革拉、
세 혁 랍

米哥拿及其鄉里、
미 가 나 급 기 향 리

느11:29

音臨門、
음 림 문

瑣拉、
쇄 랍

耶末、
야 말

느11:30

撒挪亞、
살 나 아

亞杜蘭、
아 두 란

及其鄉里、
급 기 향 리

拉吉及其田畝、
랍 길 급 기 전 무

亞西加及其鄉里、
아 서 가 급 기 향 리

張幕之所、
장 막 지 소

自別是巴至欣嫩谷、
자 별 시 파 지 흔 눈 곡

느11:31

使雅憫人自迦巴而
편 아 민 인 자 가 파 이

下、
하

居於密抹、
거 어 밀 말

亞雅、
아 아

伯特利及其鄉里、
백 특 리 급 기 향 리

느11:32

亞拿突、
아나돗

挪伯、
나백

亞難雅、
아난야

느11:33

夏瑣、
하솔

拉瑪、
라마

基他音、
기타임

느11:34

哈疊、
하딧

洗編、
스보임

尼八拉、
느발랏

느11:35

羅德、
로드

阿挪、
오노

及工師穀、
급 공 사 곡

느11:36
利未人昔居猶大者、
리 미 인 석 거 유 대 자
有數班歸於便雅憫、
유 수 반 귀 어 편 아 민

尼希米記 第十二章
니 희 미 기 제 십 이 장

느12:1
從撒拉鐵子所羅巴
종 살 랍 철 자 소 라 파
伯、
백
及耶書亞、
급 야 서 아
而歸之祭司利未人、
이 귀 지 제 사 리 미 인
有西萊雅、
유 서 래 아
耶利米、
야 리 미
以斯拉、
이 사 랍

느12:2

亞瑪利雅、
아마리아

瑪鹿、
마록

哈突、
합돌

느12:3

示迦尼、
시가니

利宏、
리굉

米利末、
미리말

느12:4

易多、
역다

近頓、
근돈

亞比雅、
아비아

느12:5

米雅民、
미아민

瑪底雅、
마저아

璧迦、
벽 가

느12:6

示瑪雅、
시 마 아

約雅立、
약 아 립

耶大雅、
야 대 아

느12:7

撒路、
살 로

亞木、
아 목

希勒家、
희 륵 가

耶大雅、
야 대 아

以上所載、
이 상 소 재

當耶書亞時、
당 야 서 아 시

爲祭司及其同宗之
위 제 사 급 기 동 종 지

長、
장

느12:8

利未人有耶書亞、
리 미 인 유 야 서 아

賓內、
빈 내

甲篾、
갑 멸

示利比、
시 리 비

猶大、
유 대

瑪他尼、
마 타 니

瑪他尼與其同宗、
마 타 니 여 기 동 종

司稱謝之事、
사 칭 사 지 사

느12:9

其同宗八布迦、
기 동 종 팔 포 가

烏尼、
오 니

依其班列、
의 기 반 열

與彼相對、
여 피 상 대

느12:10

耶書亞生約雅金、
야 서 아 생 약 아 금

約雅金生以利亞實、
약 아 금 생 이 리 아 실

以利亞實生耶何耶
이 리 아 실 생 야 하 야

大、
대

느12:11

耶何耶大生約拿單、
야 하 야 대 생 약 나 단

約拿單生押杜亞、
약 나 단 생 압 두 아

느12:12

當約雅斤時、
당 약 아 근 시

祭司爲族長者、
제 사 위 족 장 자

有西萊雅班米拉雅、
유 서 래 아 반 미 랍 아

耶利米班哈拿尼雅、
야 리 미 반 할 나 니 아

느12:13
以斯拉班米書蘭、
이 사 랍 반 미 서 란

亞瑪利雅班約哈難、
아 마 리 아 반 약 할 난

느12:14
米利古班約拿單、
미 리 고 반 약 나 단

示巴尼班約瑟、
시 파 니 반 약 슬

느12:15
哈琳班押拿、
할 림 반 압 나

米拉約班希勒愷、
미 랍 약 반 희 륵 개

느12:16
易多班撒迦利亞、
역 다 반 살 가 리 아

近頓班米書蘭、
근 돈 반 미 서 란

느12:17
亞比雅班細基利、
아 비 아 반 세 기 리

米拿民班某、
미 나 민 반 모

摩亞底班毘勒太、
마 아 저 반 비 륵 태

느12:18

璧迦班沙母亞、
벽 가 반 사 모 아

示瑪雅班約拿單、
시 마 아 반 약 나 단

느12:19

約雅立班瑪特乃、
약 아 립 반 마 특 내

耶大雅班烏西、
야 대 아 반 오 서

느12:20

撒來班加萊、
살 래 반 가 래

亞木班希伯、
아 목 반 희 백

느12:21

希勒家班哈沙比雅、
희 륵 가 반 합 사 비 아

耶大雅班拿坦業、
야 대 아 반 나 탄 업

느12:22

當以利亞實、
당 이 리 아 실

耶何耶大、
야 하 야 대

約哈難、
약 합 난

押杜亞時、
압 두 아 시

利未人之族長、
리 미 인 지 족 장

俱載於冊、
구 재 어 책

當波斯王大利烏時、
당 파 사 왕 대 리 오 시

祭司爲族長者、
제 사 위 족 장 자

亦載於冊、
역 재 어 책

느12:23

利未人之族長、
리 미 인 지 족 장

載於歷代志、
재 어 력 대 지

至以利亞實子約哈難
지 이 리 아 실 자 약 합 난

時、
시

느12:24

利未人之族長、
리미인지족장

乃哈沙比雅、
내합사비아

示利比、
시리비

甲篾子耶書亞、
갑멸자야서아

與相向而立之同宗、
여상향이립지동종

班列相對、
반열상대

頌讚稱謝、
송찬칭사

循天上帝僕大衛所
순천상제복대위소

命、
명

느12:25

瑪他尼、
마타니

八布迦、
팔 포 가

俄巴底亞、
아 파 저 아

米書蘭、
미 서 란

達們、
달 문

亞穀、
아 곡

咸爲閽人、
함 위 혼 인

守門於庫、
수 문 어 고

느12:26

以上所載、
이 상 소 재

俱在約撒達孫、
구 재 약 살 달 손

耶書亞子約雅金、
야 서 아 자 약 아 금

方伯尼希米、
방 백 니 희 미

文士祭司以斯拉時、
문 사 제 사 이 사 랍 시

○

느12:27

耶路撒冷邑垣告成、
야 로 살 랭 읍 원 고 성

遂覓散處之利未人、
수 멱 산 처 지 리 미 인

招至耶路撒冷、
초 지 야 로 살 랭

欣然稱謝、
흔 연 칭 사

謳歌擊鈸、
구 가 격 발

鳴琴鼓瑟、
명 금 고 슬

而行奉獻之禮、
이 행 봉 헌 지 예

느12:28

謳歌者、
구 가 자

自耶路撒冷畿甸、
자 야 로 살 랭 기 전

與尼陀法人之鄉里、
여 니 타 법 인 지 향 리

느12:29

又自伯吉甲、
우 자 백 길 갑

及迦巴押瑪弗之田
급 가 파 압 마 불 지 전

畝、
무

咸集、
함 집

蓋謳歌者、
개 구 가 자

已建鄉里於耶路撒冷
이 건 향 리 어 야 로 살 랭

四周、
사 주

느12:30

祭司利未人自潔、
제 사 리 미 인 자 결

亦潔其民、
역 결 기 민

與邑門城垣、
여 읍 문 성 원

느12:31

我導猶大牧伯登城
아 도 유 대 목 백 등 성

垣、
원

使稱謝者二班、
사칭사자이반

列隊而行、
열대이행

一班從右往糞場門、
일반종우왕분장문

느12:32

從之者何沙雅、
종지자하사아

及猶大牧伯之半、
급유대목백지반

느12:33

亞撒利雅、
아살리아

以斯拉、
이사랍

米書蘭、
미서란

느12:34

猶大、
유대

便雅憫、
편아민

示瑪雅、
시 마 아

耶利米、
야 리 미

느12:35

祭司之子數人執角、
제 사 지 자 수 인 집 각

卽約拿單子撒迦利
즉 약 나 단 자 살 가 리

亞、
아

約拿單乃示瑪雅子、
약 나 단 내 시 마 아 자

示瑪雅乃瑪他尼子、
시 마 아 내 마 타 니 자

瑪他尼乃米該亞子、
마 타 니 내 미 해 아 자

米該亞乃撒刻子、
미 해 아 내 살 각 자

撒刻乃亞薩子、
살 각 내 아 살 자

느12:36

及其同宗示瑪雅、
급 기 동 종 시 마 아

亞撒利、
아 살 리

米拉萊、
미 랍 래

基拉萊、
기 랍 래

瑪艾、
마 애

拿坦業、
나 탄 업

猶大、
유 대

哈拿尼、
합 나 니

咸執祆上帝僕大衛之
함 집 천 상 제 복 대 위 지

樂器、
악 기

文士以斯拉爲其先
문 사 이 사 랍 위 기 선

導、
도

느12:37

由泉門而前、
유 천 문 이 전

升大衛城之階、
승 대 위 성 지 계

在大衛宮之上、
재 대 위 궁 지 상

東至水門、
동 지 수 문

느12:38

一班從左而往、
일 반 종 좌 이 왕

欲與彼班相遇、
욕 여 피 반 상 우

我率民衆之半、
아 솔 민 중 지 반

隨之於垣、
수 지 어 원

過爐樓、
과 로 루

至廣垣、
지 광 원

느12:39

由以法蓮門之上、
유 이 법 련 문 지 상

經古門、
경 고 문

魚門、
어 문

哈楠業樓、
함 남 업 루

哈米亞樓、
함 미 아 루

至於羊門、
지 어 양 문

止於獄門、
지 어 옥 문

느12:40

於是稱謝者二班、
어 시 칭 사 자 이 반

與我及民長之半、
여 아 급 민 장 지 반

立於祅上帝室中、
립 어 천 상 제 실 중

느12:41

祭司以利亞金、
제 사 이 리 아 금

瑪西雅、
마 서 아

米拿民、
미 나 민

米該雅、
미 해 아

以利約乃、
이 리 약 내

撒迦利亞、
살 가 리 아

哈楠尼亞、
함 남 니 아

俱執角、
구 집 각

느12:42

又有瑪西雅、
우 유 마 서 아

示瑪雅、
시 마 아

以利亞撒、
이 리 아 살

烏西、
오 서

約哈難、
약 함 난

瑪基雅、
마 기 아

以攔、
이 란

以謝、
이 사

謳歌者大聲謳歌、
구 가 자 대 성 구 가

伊斯拉希雅爲其督、
이 사 랍 희 아 위 기 독

느12:43
是日民獻大祭、
시 일 민 헌 대 제

喜樂不勝、
희 악 불 승

蓋祆上帝使之歡忻、
개 천 상 제 사 지 환 흔

婦孺亦悅、
부 유 역 열

耶路撒冷歡聲、
야 로 살 랭 환 성

聞於遠處、○
문 어 원 처

느12:44
是日立人司庫、
시 일 립 인 사 고

以貯擧祭、
이 저 거 제

初熟之品、
조 숙 지 품

什一之供、
십 일 지 공

收由諸邑之田、
수 유 제 읍 지 전

祭司利未人所當得
제 사 리 미 인 소 당 득

者、
자

如律所定、
여 률 소 정

蓋猶大人爲供役之祭
개 유 대 인 위 공 역 지 제

司利未人而樂也、
사 리 미 인 이 악 야

느12:45

其人供祆上帝之事、
기 인 공 천 상 제 지 사

與清潔之役、
여 청 결 지 역

謳歌者、
구 가 자

司閽者、
사 혼 자

亦然、
역 연

循大衛及其子所羅門
순 대 위 급 기 자 소 라 문

之命、
지 명

느12:46

昔在大衛亞薩時、
석 재 대 위 아 살 시

有謳歌者之長、
유 구 가 자 지 장

與頌讚稱謝天上帝之
여 송 찬 칭 사 천 상 제 지

詩、
시

느12:47

今在所羅巴伯尼希米
금 재 소 라 파 백 니 희 미

時、
시

以色列衆於謳歌者、
이 색 열 중 어 구 가 자

司閽者、
사 혼 자

日給所需、
일 급 소 수

以所區別者奉利未
이 소 구 별 자 봉 리 미

人、
인

利未人以所區別者奉
리 미 인 이 소 구 별 자 봉

亞倫裔、
아 륜 예

尼希米記 第十三章
니 희 미 기 제 십 삼 장

느13:1

是日誦摩西書、
시 일 송 마 서 서

俾民聽聞、
비 민 청 문

見書載云、
견 서 재 운

亞捫摩押二族、
아 문 마 압 이 족

永不得入祆上帝會、
영 불 득 입 천 상 제 회

느13:2

因其不以糧與水、
인 기 불 이 량 여 수

迎以色列人、
영 이 색 열 인

乃賂巴蘭來詛之、
내 뢰 파 란 래 저 지

惟我祆上帝變詛爲
유 아 천 상 제 변 저 위

祝、
축

느13:3

民聞此律、
민 문 차 률

則由以色列中、
칙 유 이 색 열 중

屛諸雜族、○
병 제 잡 족

느13:4

昔祭司以利亞實司我
석 제 사 이 리 아 실 사 아

祆上帝室庫、
천 상 제 실 고

與多比雅聯姻、
여 다 비 아 련 인

느13:5

爲之備一巨室、
위 지 비 일 거 실

此室曾貯素祭、
차 실 증 저 소 제

乳香器皿、
유 향 기 명

及穀酒油之什一、
급 곡 주 유 지 십 일

乃利未人、
내 리 미 인

謳歌者、
구 가 자

司閽者、
사 혼 자

循例當得之物、
순 례 당 득 지 물

亦貯歸祭司之擧祭、
역 저 귀 제 사 지 거 제

느13:6

斯時我不在耶路撒冷、
사 시 아 불 재 야 로 살 랭

蓋巴比倫王、
개 파 비 륜 왕

亞達薛西三十二年、
아 달 설 서 삼 십 이 년

我返覲王、
아 반 근 왕

越數日我請假、
월 수 일 아 청 가

느13:7

旣至耶路撒冷、
기 지 야 로 살 랭

始知以利亞實爲多比
시 지 이 리 아 실 위 다 비

雅所行之惡事、
아 소 행 지 악 사

在祆上帝室院、
재 천 상 제 실 원

爲之備室、
위 지 비 실

느13:8

我則憂甚、
아 칙 우 심

取多比雅之家具、
취 다 비 아 지 가 구

擲諸室外、
척 제 실 외

느13:9

命潔其室、
명 결 기 실

以祆上帝室之器皿、
이 천 상 제 실 지 기 명

素祭乳香、
소 제 유 향

仍貯於中、
잉 저 어 중

느13:10

我亦知利未人所當得
아 역 지 리 미 인 소 당 득

者未給之、
자 미 급 지

供役之利未人、
공 역 지 리 미 인

及謳歌者、
급 구 가 자

逃歸其田畝、
도 귀 기 전 무

느13:11

遂斥責民長曰、
수 척 책 민 장 왈

祆上帝之室、
천 상 제 지 실

何遺棄之、
하 유 기 지

因招集利未人、
인 초 집 리 미 인

復供厥職、
복 공 궐 직

느13:12

於是猶大人攜其穀酒
어 시 유 대 인 휴 기 곡 주

油之什一、
유 지 십 일

入於府庫、
입 어 부 고

느13:13

我立祭司示利米雅、
아 립 제 사 시 리 미 아

繕寫撒督、
선 사 살 독

利未人毘大雅司庫、
리 미 인 비 대 아 사 고

瑪他尼孫、
마 타 니 손

撒刻子哈難副之、
살 각 자 합 난 부 지

此數人皆忠誠、
자 수 인 개 충 성

以供同宗爲職、
이 공 동 종 위 직

느13:14

我祆上帝歟、
아 천 상 제 여

我爲爾室及其典禮、
아 위 이 실 급 기 전 예

所行之善事、
소 행 지 선 사

尙其垂念、
상 기 수 념

毋泯沒之、○
무 민 몰 지

느13:15

時、
시

我見猶大地、
아 견 유 대 지

有人於安息日、
유 인 어 안 식 일

踐醡運穀、
천 자 운 곡

以驢負載、
이 려 부 재

且荷酒葡萄無花果、
차 하 주 포 도 무 화 과

及諸負擔、
급 제 부 담

於安息日進耶路撒
어 안 식 일 진 야 로 살

冷、
랭

在其鬻食物之日、
재 기 죽 식 물 지 일

我警戒之、
아 경 계 지

느13:16

有推羅人居其中、
유 추 라 인 거 기 중

攜魚及諸貨物、
휴 어 급 제 화 물

安息日鬻於猶大人、
안 식 일 죽 어 유 대 인

在耶路撒冷、
재 야 로 살 랭

느13:17

我斥責猶大顯者曰、
아 척 책 유 대 현 자 왈

爾奚行此惡、
이 해 행 차 악

以犯安息日、
이 범 안 식 일

느13:18

昔爾列祖、
석 이 열 조

豈非行是、
기 비 행 시

致我天上帝降諸災於
치 아 천 상 제 강 제 재 어

我儕、
아 제

及斯邑乎、
급 사 읍 호

爾今又犯安息、
이 금 우 범 안 식

使怒及於以色列、
사 노 급 어 이 색 열

尤有甚焉、
우 유 심 언

느13:19

我於安息日前夕、
아 어 안 식 일 전 석

耶路撒冷邑門昏黑之
야 로 살 랭 읍 문 혼 흑 지

時、
시

卽命閉之、
즉 명 폐 지

安息日後方啟、
안 식 일 후 방 계

又委我僕數人監門、
우 위 아 복 수 인 감 문

免人於安息日負荷入
면 인 어 안 식 일 부 하 입

邑、
읍

느13:20

商賈及鬻諸貨物者、
상 가 급 죽 제 화 물 자

一再宿於耶路撒冷
일 재 숙 어 야 로 살 랭

外、
외

느13:21

我戒之曰、
아 계 지 왈

爾奚附垣而宿、
이 해 부 원 이 숙

如再行此、
여 재 행 차

我必執爾、
아 필 집 이

此後安息日、
차 후 안 식 일

彼不復至、
피 불 복 지

느13:22

我命利未人潔己而
아 명 리 미 인 결 기 이

至、
지

監守邑門、
감 수 읍 문

使安息日爲聖、
사 안 식 일 위 성

我祆上帝歟、
아 천 상 제 여

尙其垂念我、
상 기 수 념 아

依爾鴻慈矜憫我、○
의 이 홍 자 긍 민 아

느13:23

時、
시

我見猶大人、
아 견 유 대 인

娶亞實突亞捫摩押之
취 아 실 돌 아 문 마 압 지

女爲室、
녀 위 실

느13:24

其子女所言者、
기 자 녀 소 언 자

半屬亞實突方言、
반 속 아 실 돌 방 언

猶大方言則不能、
유 대 방 언 칙 불 능

惟言諸族方言而已、
유 언 제 족 방 언 이 이

느13:25

我則斥之、
아 칙 척 지

詛之、
저 지

撻其數人、
달 기 수 인

拔其髮、
발 기 발

使指祆上帝而誓、
사 지 천 상 제 이 서

必不以己女嫁其子、
필 불 이 기 녀 가 기 자

不娶其女爲妻爲媳、
불 취 기 녀 위 처 위 식

느13:26

謂之曰、
위 지 왈

以色列王所羅門、
이 색 열 왕 소 라 문

非因此而犯罪乎、
비 인 차 이 범 죄 호

彼在列國中、
피 재 열 국 중

無王可比、
무 왕 가 비

祆上帝愛之、
천 상 제 애 지

立爲以色列王、
립 위 이 색 열 왕

然 異 邦 之 女 誘 之 干
연 이 방 지 녀 유 지 간

罪、
죄

느13:27

我 豈 聽 爾 行 此 大 惡、
아 기 청 이 행 차 대 악

娶 異 邦 之 女、
취 이 방 지 녀

干 犯 我 祆 上 帝 乎、
간 범 아 천 상 제 호

느13:28

祭 司 長 以 利 亞 實 孫、
제 사 장 이 리 아 실 손

耶 何 耶 大 子 一 人、
야 하 야 대 자 일 인

爲 和 倫 人 參 巴 拉 之
위 화 륜 인 참 파 랍 지

壻、
서

我 屛 之 於 我 前、
아 병 지 어 아 전

느13:29

我 祆 上 帝 歟、
아 천 상 제 여

彼玷祭司之職、
피 점 제 사 지 직

背祭司利未人之約、
배 제 사 리 미 인 지 약

望爾念之、
망 이 념 지

느13:30

如是我潔斯衆、
여 시 아 결 사 중

絶異邦人、
절 이 방 인

且定祭司利未
차 정 제 사 리 미

人之職任、
인 지 직 임

俾供厥役、
비 공 궐 역

느13:31

命民按期備柴、
명 민 안 기 비 시

獻初熟之土産、
헌 초 숙 지 토 산

我祆上帝歟、
아 천 상 제 여

望爾垂念、
망 이 수 념

施恩於我、
시 은 어 아

以斯帖記 第一章
이 사 첩 기 제 일 장

에 1:1

亞哈隨魯爲王、
아 합 수 로 위 왕

統轄百有二十七州、
통 할 백 유 이 십 칠 주

自印度至古實、
자 인 도 지 고 실

에 1:2

其時都於書珊、
기 시 도 어 서 산

在宮坐於王位、
재 궁 좌 어 왕 위

에 1:3

三年、
삼 년

宴諸牧伯、
연 제 목 백

臣僕、
신복
各州之顯者、
각주지현자
及方伯、
급방백
卽波斯瑪代
즉파사마대
之權貴、
지권귀
咸在其前、
함재기전

에 1:4

王於多日、
왕어다일
以其榮國之富有、
이기영국지부유
及其威嚴之
급기위엄지
炫赫示之、
현혁시지
凡歷十有八旬、
범력십유팔순

에 1:5

此日既過、
차 일 기 과

又宴書珊宮中之人、
우 연 서 산 궁 중 지 인

自尊逮卑、
자 존 체 비

歷有七日、
력 유 칠 일

在宮之院、
재 궁 지 원

에 1:6

以白綠藍三色
이 백 록 람 삼 색

之布爲帷、
지 포 위 유

繫以紫枲之繩、
계 이 자 시 지 승

綴以銀環、
철 이 은 환

在於白石之柱、
재 어 백 석 지 주

內有金銀之牀、
내 유 금 은 지 상

設於紅石白石、
설 어 홍 석 백 석

黃石黑石、
황석흑석

所鋪之地、
소포지지

에 1:7

金卮賜酒、
금치사주

卮式不一、
치식불일

禦酒孔多、
어주공다

示王厚貺、
시왕후황

에 1:8

飮酒有令、
음주유령

勿得强人、
물득강인

蓋王曾命宮中百工、
개왕증명궁중백공

使人各隨所欲、
사인각수소욕

에 1:9

王後瓦實提、
왕후와실제

亦在亞哈隨魯王宮、
역 재 아 합 수 로 왕 궁

爲諸婦設宴、
위 제 부 설 연

에 1 : 10

居七日、
계 칠 일

王飲酒而樂、
왕 음 주 이 악

諭禦前宦豎七人、
유 어 전 환 수 칠 인

米戶幔、
미 호 만

比斯他、
비 사 타

哈波拿、
합 파 나

比革他、
비 혁 타

亞拔他、
아 발 타

西達、
서 달

甲迦、
갑 가

에1:11

請王後瓦實提戴
청 왕 후 와 실 제 대

後冕至王前、
후 면 지 왕 전

使庶民諸伯
사 서 민 제 백

得見其美、
득 견 기 미

蓋後有殊色也、
개 후 유 수 색 야

에1:12

惟後不遵宦竪
유 후 불 준 환 수

所傳王命而至、
소 전 왕 명 이 지

王怒甚、
왕 노 심

中心如焚、
중 심 여 분

에1:13

14 王之左右、
왕 지 좌 우

波斯瑪代七伯、
파 사 마 대 칠 백

時覲王顔、
시근왕안

居國之首位、
거국지수위

卽甲示拿、
즉갑시나

示達、
시달

押瑪他、
압마타

他施斯、
타시사

米力、
미력

瑪西拿、
마서나

米母干、
미모간

俱達時務、
구달시무

皆哲士也、
개철사야

凡王有事、
범왕유사

例當詢諸明法律者、
례당순제명법률자

故問之曰、
고 문 지 왈

에 1:15

王後瓦實提、
왕 후 와 실 제

不遵宦豎所傳亞哈隨
불 준 환 수 소 전 아 합 수

魯王之命、
로 왕 지 명

按律我當如何處之、
안 률 아 당 여 하 처 지

에 1:16

米母干謂王及諸伯
미 모 간 위 왕 급 제 백

曰、
왈

後瓦實提所爲、
후 와 실 제 소 위

匪但有害於王、
비 단 유 해 어 왕

亦有害於王之諸州牧
역 유 해 어 왕 지 제 주 목

伯庶民、
백 서 민

에 1:17

蓋後之所爲、
개 후 지 소 위

必傳於諸婦、
필 전 어 제 부

言王召後、
언 왕 소 후

而後不至、
이 후 불 지

致諸婦亦蔑視其夫、
치 제 부 역 멸 시 기 부

에 1:18

今而後、
금 이 후

波斯瑪代衆命婦、
파 사 마 대 중 명 부

聞後所爲、
문 후 소 위

必效其尤、
필 효 기 우

言於王之牧伯、
언 어 왕 지 목 백

遂生藐視、
수 생 막 시

憤怒靡已、
분 노 미 이

에 1:19

如王以爲善、
여 왕 이 위 선

則降諭旨、
칙 강 유 지

載於波斯瑪代之律、
재 어 파 사 마 대 지 률

永遠不廢、
영 원 불 폐

不容瓦實提進禦、
불 용 와 실 제 진 어

以其后位、
이 기 후 위

賜較彼尤善者、
사 교 피 우 선 자

에 1:20

王疆宇甚廣、
왕 강 우 심 광

王詔布告通國、
왕 조 포 고 통 국

則婦必敬其夫、
칙 부 필 경 기 부

無論尊卑、
무 론 존 비

에 1:21

王與諸伯、
왕 여 제 백

咸悅米母干之言、
함 열 미 모 간 지 언

王遂依此而行、
왕 수 의 차 이 행

에 1:22

頒詔王之諸州、
반 조 왕 지 제 주

各依其文字方言、
각 의 기 문 자 방 언

曰夫必於其家爲主、
왈 부 필 어 기 가 위 주

亦依其方言而言焉、
역 의 기 방 언 이 언 언

以斯帖記 第二章
이 사 첩 기 제 이 장

에 2:1

厥後、
궐 후

王怒既息、
왕 노 기 식

追思瓦實提、
추 사 와 실 제

並其所行、
병 기 소 행

及所降之詔、
급 소 강 지 조

에 2:2

侍臣曰、
시 신 왈

宜爲王采訪豔麗處
의 위 왕 채 방 염 려 처

女、
녀

에 2:3

請王設官於國之諸
청 왕 설 관 어 국 지 제

州、
주

集豔麗處女、
집 염 려 처 녀

咸至書珊、
함 지 서 산

俾入後宮、
비 입 후 궁

令內豎希該掌之、
령 내 수 희 해 장 지

賜以薰沐所需、
사 이 훈 목 소 수

에 2:4
惟王所悅之女、
유 왕 소 열 지 녀
則立爲後、
칙 립 위 후
以代瓦實提、
이 대 와 실 제
王以爲善、
왕 이 위 선
依此而行、○
의 차 이 행

에 2:5
書珊宮、
서 산 궁
有猶大人末底改者、
유 유 대 인 말 저 개 자
乃便雅憫族、
내 편 아 민 족
基士曾孫、
기 사 증 손
示每孫、
시 매 손

睚珥子也、
애 이 자 야

에 2:6
昔巴比倫王尼布甲尼
석 파 비 륜 왕 니 포 갑 니
撒、
살
自耶路撒冷虜猶大王
자 야 로 살 랭 로 유 대 왕
耶哥尼雅、
야 가 니 아
及其民衆、
급 기 민 중
末底改亦與焉、
말 저 개 역 여 언

에 2:7
末底改叔之女哈大
말 저 개 숙 지 녀 합 대
沙、
사
又名以斯帖、
우 명 이 사 첩
美姿容、
미 자 용

有殊色、
유 수 색

父母既沒、
부 모 기 몰

末底改撫養之、
말 저 개 무 양 지

以爲己女、
이 위 기 녀

에 2:8

王命與詔既頒、
왕 명 여 조 기 반

衆女咸至書珊宮、
중 녀 함 지 서 산 궁

以斯帖亦入宮、
이 사 첩 역 입 궁

內豎希該掌其事、
내 수 희 해 장 기 사

에 2:9

希該悅以斯帖、
희 해 열 이 사 첩

加恩優渥、
가 은 우 악

急以薰沐所需、
급 이 훈 목 소 수

及所應得予之、
급 소 응 득 여 지

又以當給之宮女七人
우 이 당 급 지 궁 녀 칠 인

賜之、
사 지

移居女室至美之所、
이 거 녀 실 지 미 지 소

에 2:10

以斯帖從未底改命、
이 사 첩 종 말 저 개 명

不以其國其族告人、
불 이 기 국 기 족 고 인

에 2:11

末底改日往來於女室
말 저 개 일 왕 래 어 녀 실

院前、
원 전

欲知以斯帖安否、
욕 지 이 사 첩 안 부

並其將來之境遇、
병 기 장 래 지 경 우

에 2:12

衆女循例薰沐、
중 녀 순 례 훈 목

十有二月、
십 유 이 월

用沒藥之油六月、
용 몰 약 지 유 육 월

用芬芳之品、
용 분 방 지 품

及諸薰沐之品六月、
급 제 훈 목 지 품 육 월

然後依次覲王、
연 후 의 차 근 왕

에2:13

女子入覲、
녀 자 입 근

自女室詣王宮、
자 녀 실 예 왕 궁

凡其所求、
범 기 소 구

悉以給之、
실 이 급 지

에2:14

夕往朝返、
석 왕 조 반

居於女子次室、
거 어 녀 자 차 실

歸司嬪妃之內豎沙甲
귀 사 빈 비 지 내 수 사 갑

掌之、
장 지

非王悅之、
비 왕 열 지

以名見召、
이 명 견 소

則不得復見、
칙 불 득 복 견

에2:15

末底改叔亞比孩之女
말 저 개 숙 아 비 해 지 녀

以斯帖、
이 사 첩

末底改以爲己女者、
말 저 개 이 위 기 녀 자

屆期覲王、
계 기 근 왕

除內豎希該所賜而
제 내 수 희 해 소 사 이

外、
외

一無所求、
일 무 소 구

見者皆悅之、
견 자 개 열 지

에2:16
亞哈隨魯王七年十
아 합 수 로 왕 칠 년 십
月、
월
即提別月、
즉 제 별 월
以斯帖被引入宮覲
이 사 첩 피 인 입 궁 근
王、
왕

에2:17
王愛之、
왕 애 지
逾於諸女、
유 어 제 녀
蒙王恩寵、
몽 왕 은 총
較衆處女尤厚、
교 중 처 녀 우 후
加冕於其首、
가 면 어 기 수

立爲後、
립 위 후

以代瓦實提、
이 대 와 실 제

에2:18

王緣以斯帖故、
왕 연 이 사 첩 고

大宴牧伯臣僕、
대 연 목 백 신 복

免各州之租稅、
면 각 주 지 조 세

依王厚貺、
의 왕 후 황

大頒賞賚、
대 반 상 뢰

에2:19

衆女復集時末底改坐
중 녀 복 집 시 말 저 개 좌

於禦門、
어 어 문

에2:20

以斯帖不以其國其族
이 사 첩 불 이 기 국 기 족

告人、
고 인

遵末底改所命、
준 말 저 개 소 명

與撫養時無異、
여 무 양 시 무 이

에 2:21

末底改坐禦門時、
말 저 개 좌 어 문 시

有王之二豎、
유 왕 지 이 수

司閽者辟探提列忿
사 혼 자 벽 탐 제 열 분

怒、
노

謀害亞哈隨魯王、
모 해 아 합 수 로 왕

에 2:22

末底改知之、
말 저 개 지 지

以告後以斯帖、
이 고 후 이 사 첩

以斯帖託末底改名、
이 사 첩 탁 말 저 개 명

告於王、
고 어 왕

에 2:23

繼察之、
계찰지

得其實、
득기실

懸二豎於木、
현이수어목

在王前錄其事於歷代
재왕전록기사어력대

志、
지

以斯帖記 第三章
이사첩기 제삼장

에 3:1

厥後、
궐후

王擢亞甲族人、
왕탁아갑족인

哈米大他子哈曼、
합미대타자합만

尊之、
존지

使其位高於左右諸牧
사기위고어좌우제목

伯、
백

에 3:2

在禦門之臣僕、
재 어 문 지 신 복

俱遵王命、
구 준 왕 명

跪拜哈曼、
궤 배 합 만

惟末底改不跪不拜、
유 말 저 개 불 궤 불 배

에 3:3

禦門臣僕問之曰、
어 문 신 복 문 지 왈

爾奚違王命、
이 해 위 왕 명

에 3:4

日諫末底改、
일 간 말 저 개

末底改不聽、
말 저 개 불 청

衆以告哈曼、
중 이 고 합 만

欲觀末底改事之究
욕 관 말 저 개 사 지 구

竟、
경

蓋末底改以己爲猶大
개 말 저 개 이 기 위 유 대

人告之也、
인 고 지 야

에 3:5

哈曼見末底改不跪不
합 만 견 말 저 개 불 궤 불

拜、
배

則怒甚、
즉 노 심

에 3:6

衆以末底改國族告哈
중 이 말 저 개 국 족 고 합

曼、
만

哈曼以爲殺此一人、
합 만 이 위 살 차 일 인

猶微事耳、
유 미 사 이

慾將亞哈隨魯王通
욕 장 아 합 수 로 왕 통

國、
국

末底改之同宗猶大
말 저 개 지 동 종 유 대

人、
인

盡行殲滅、
진 행 섬 멸

에 3:7

亞哈隨魯王十二年正
아 합 수 로 왕 십 이 년 정

月、
월

即尼散月、
즉 니 산 월

人在哈曼前、
인 재 합 만 전

按日與月掣普珥、
안 일 여 월 체 보 이

即簽、
즉 첨

至十二月、
지 십 이 월

即亞達月爲吉、
즉 아 달 월 위 길

에 3:8

哈曼奏王曰、
함 만 주 왕 왈

有一族、
유 일 족

散處爾國諸州、
산 처 이 국 제 주

其律異乎萬民、
기 률 이 호 만 민

不遵王律、
불 준 왕 률

容之於王無益、
용 지 어 왕 무 익

에 3:9

如王悅之、
여 왕 열 지

可頒明詔、
가 반 명 조

翦滅斯族、
전 멸 사 족

我將以銀一萬他連
아 장 이 은 일 만 타 련

得、
득

付於掌國帑者、
부 어 장 국 탕 자

以儲王庫、
이 저 왕 고

에3:10

王脫指環、
왕 탈 지 환

給亞甲族人、
급 아 갑 족 인

哈米大他子哈曼、
합 미 대 타 자 합 만

卽猶大人之敵、
즉 유 대 인 지 적

에3:11

曰、
왈

此銀賜爾、
차 은 사 이

斯民亦付爾、
사 민 역 부 이

隨意待之、
수 의 대 지

에3:12

正月十三日、
정 월 십 삼 일

遂召王之繕寫、
수 소 왕 지 선 사

從哈曼所命書詔、
종 합 만 소 명 서 조

依各州文字、
의 각 주 문 자

各族方言、
각 족 방 언

繕以禦名、
선 이 어 명

鈐以王之指環、
검 이 왕 지 지 환

普告王臣、
보 고 왕 신

各州方伯、
각 주 방 백

各族民長、
각 족 민 장

에3:13

遣郵傳詔各州、
견 우 전 조 각 주

使於十二月、
사 어 십 이 월

卽亞達月十三日、
즉 아 달 월 십 삼 일

一日之間、
일 일 지 간

將猶大人、
장 유 대 인

無論老幼、
무 론 로 유

嬰孩婦女、
영 해 부 녀

盡行殺戮翦滅、
진 행 살 륙 전 멸

俾其隕亡、
비 기 운 망

取其貨財、
취 기 화 재

以爲己有、
이 위 기 유

에3:14

所錄之詔、
소 록 지 조

頒行各州、
반 행 각 주

宣告各族、
선 고 각 족

使之預備、
사 지 예 비

以待是日、
이 대 시 일

에 3:15

在書珊宮降詔、
재서산궁강조

郵驛遵命、
우역준명

其行甚速、
기행심속

王與哈曼坐而飲、
왕여합만좌이음

惟書珊邑、
유서산읍

則紛擾焉、
칙분요언

以斯帖記 第四章
이사첩기 제사장

에 4:1

末底改旣知此事、
말저개기지차사

自裂其衣、
자렬기의

衣麻蒙灰、
의마몽회

出至邑中、
출지읍중

大聲痛哭、
대 성 통 곡

에 4:2

及禦門而止、
급 어 문 이 지

因衣麻者不可入也、
인 의 마 자 불 가 입 야

에 4:3

詔至各州、
조 지 각 주

猶大人悲甚、
유 대 인 비 심

禁食、
금 식

哭泣、
곡 읍

哀號、
애 호

衣麻臥於灰中者衆、
의 마 와 어 회 중 자 중

에 4:4

以斯帖之侍女內豎進
이 사 첩 지 시 녀 내 수 진

而告之、
이 고 지

後則憂甚、
후 즉 우 심

遺末底改衣、
유 말 저 개 의

使去其痲、
사 거 기 마

末底改不受、
말 저 개 불 수

에 4:5

王昔委內豎哈他革侍
왕 석 위 내 수 합 타 혁 시

以斯帖、
이 사 첩

以斯帖召之、
이 사 첩 소 지

命其往問末底改、
명 기 왕 문 말 저 개

何事何故、
하 사 하 고

에 4:6

哈他革遂出、
합 타 혁 수 출

至禦門前之場、
지 어 문 전 지 장

見末底改、
견 말 저 개

에 4:7
末底改以所遇之事、
말 저 개 이 소 우 지 사
及哈曼爲滅猶大人、
급 합 만 위 멸 유 대 인
許以銀輸王庫之確
허 이 은 수 왕 고 지 확
數、
수
悉告哈他革、
실 고 합 타 혁

에 4:8
又將書珊所頒滅猶大
우 장 서 산 소 반 멸 유 대
人之詔、
인 지 조
付與哈他革、
부 여 합 타 혁
請呈於以斯帖、
청 정 어 이 사 첩
明告此事、
명 고 차 사

且囑其入覲、
차 촉 기 입 근

爲己族祈求於王前、
위 기 족 기 구 어 왕 전

에 4:9

哈他革返、
합 타 혁 반

以末底改之言告以斯
이 말 저 개 지 언 고 이 사

帖、
첩

에 4:10

以斯帖命哈他革告末
이 사 첩 명 합 타 혁 고 말

底改曰、
저 개 왈

에 4:11

王之臣僕、
왕 지 신 복

及諸州之民皆知、
급 제 주 지 민 개 지

凡未蒙王召、
범 미 몽 왕 소

擅入內院覲王者、
천 입 내 원 근 왕 자

無論男女、
무론남녀

殺無赦、
살무사

俱爲一例、
구위일례

非王向之擧其金杖、
비왕향지거기금장

不得生存、
불득생존

我未蒙召入覲、
아미몽소입근

已三旬矣、
이삼순의

에 4:12

或以以斯帖言告末底
혹이이사첩언고말저

改、
개

에 4:13

末底改使覆以斯帖
말저개사복이사첩

曰、
왈

勿意爾居王宮、
물 의 이 거 왕 궁

愈於猶大衆、
유 어 유 대 중

必能得免、
필 능 득 면

에 4:14

今爾得居后位、
금 이 득 거 후 위

焉知非爲此會、
언 지 비 위 차 회

如爾斯時緘默無言、
여 이 사 시 함 묵 무 언

則猶大人必從他方、
칙 유 대 인 필 종 타 방

得解脫、
득 해 탈

蒙拯救、
몽 증 구

惟爾與父家、
유 이 여 부 가

將見剿滅耳、
장 견 초 멸 이

에 4:15

以 斯 帖 命 覆 末 底 改
이 사 첩 명 복 말 저 개

曰、
왈

에 4:16

當 集 書 珊 諸 猶 大 人、
당 집 서 산 제 유 대 인

爲 我 禁 食 三 晝 夜、
위 아 금 식 삼 주 야

不 食 不 飮、
불 식 불 음

我 與 侍 女 亦 禁 食、
아 여 시 녀 역 금 식

然 後 違 例 覲 王、
연 후 위 례 근 왕

若 亡 則 亡 耳、
약 망 칙 망 이

에 4:17

末 底 改 往、
말 저 개 왕

咸 遵 以 斯 帖 命 而 行、
함 준 이 사 첩 명 이 행

以 斯 帖 記 第 五 章
이 사 첩 기 제 오 장

에 5:1

越至三日、
월 지 상 일

以斯帖衣朝服、
이 사 첩 의 조 복

立於王宮內院、
립 어 왕 궁 내 원

在王宮相對之所、
재 왕 궁 상 대 지 소

王在宮中坐其位、
왕 재 궁 중 좌 기 위

對於門、
대 어 문

에 5:2

見後以斯帖立於院
견 후 이 사 첩 립 어 원

中、
중

則加恩、
칙 가 은

向之擧金杖、
향 지 거 금 장

以斯帖乃前、
이 사 첩 내 전

捫其杖端、
문 기 장 단

에 5:3

王諭之曰、
왕 유 지 왈

後以斯帖、
후 이 사 첩

爾何所欲、
이 하 소 욕

爾何所求、
이 하 소 구

卽國之半、
즉 국 지 반

亦必予爾、
역 필 여 이

에 5:4

以斯帖曰、
이 사 첩 왈

我爲王設宴、
아 위 왕 설 연

如王悅之、
여 왕 열 지

請與哈曼、
청 여 합 만

今日赴宴、
금 일 부 연

에 5:5

王命曰、
왕 명 왈

使哈曼速行、
사 합 만 속 행

如以斯帖所言、
여 이 사 첩 소 언

於是王及哈曼、
어 시 왕 급 합 만

赴以斯帖所備之宴、
부 이 사 첩 소 비 지 연

에 5:6

宴飲之時、
연 음 지 시

王謂以斯帖曰、
왕 위 이 사 첩 왈

爾何所求、
이 하 소 구

我必予爾、
아 필 여 이

爾何所欲、
이 하 소 욕

卽國之半、
즉 국 지 반

亦必爲之、
역 필 위 지

에 5:7

以斯帖曰、
이 사 첩 왈

我之所求所欲、
아 지 소 구 소 욕

에 5:8

我若沾恩於王前、
아 약 첨 은 어 왕 전

且王悅之、
차 왕 열 지

允我所求、
윤 아 소 구

成我所欲、
성 아 소 욕

請與哈曼、
청 여 합 만

赴我所設之宴、
부 아 소 설 지 연

明日必依王言而行、
명 일 필 의 왕 언 이 행

에 5:9

是日哈曼中心歡悅、
시 일 합 만 중 심 환 열

欣然而出、
흔 연 이 출

然見末底改在禦門、
연 견 말 저 개 재 어 문

不起立、
불 기 립

不動身、
불 동 신

則怒甚、
칙 노 심

에5:10

強忍而歸、
강 녀 이 귀

招其友及妻細利斯
초 기 우 급 처 세 리 사

至、
지

에5:11

以其財貨之富、
이 기 재 화 지 부

子女之繁、
자 녀 지 번

及王擢而升之、
급 왕 탁 이 승 지

超於諸伯王臣諸事、
초 어 제 백 왕 신 제 사

悉告之、
실 고 지

에 5:12

且曰、
차 왈

後以斯帖設宴、
후 이 사 첩 설 연

予而外、
여 이 외

不許人偕王赴之、
불 허 인 해 왕 부 지

明日設宴、
명 일 설 연

我與王又見請、
아 여 왕 우 견 청

에 5:13

惟見猶大人末底改坐
유 견 유 대 인 말 저 개 좌

於禦門、
어 어 문

則此一切、
칙 자 일 절

不足爲意、
불 족 위 의

에 5:14

其妻細利斯與諸友謂
기 처 세 리 사 여 제 우 위

之曰、
지 왈

當具木高五丈、
당 구 목 고 오 장

明日求王、
명 일 구 왕

懸末底改於上、
현 말 저 개 어 상

然後欣然與王赴宴、
연 후 흔 연 여 왕 부 연

哈曼悅其言、
합 만 열 기 언

使具木焉、
사 구 목 언

以斯帖記 第六章
이 사 첩 기 제 륙 장

에 6:1

是夕王不得寢、
시 석 왕 불 득 침

命取歷代史記、
명 취 력 대 사 기

乃誦於王前、
내 송 어 왕 전

에 6:2

其中載云、
기 중 재 운

王之二豎、
왕 지 이 수

司閽者辟探提列、
사 혼 자 벽 탐 제 열

謀害亞哈隨魯王、
모 해 아 합 수 로 왕

末底改首告之、
말 저 개 수 고 지

에 6:3

王問曰、
왕 문 왈

末底改因此、
말 저 개 인 차

膺何尊榮爵位、
응 하 존 영 작 위

侍臣對曰、
시 신 대 왈

無之、
무 지

에 6:4

王曰、
왕 왈

誰在院中、
수 재 원 중

時、
시

哈曼適進王宮外院、
합 만 적 진 왕 궁 외 원

欲與王言、
욕 여 왕 언

懸末底改於其所具之
현 말 저 개 어 기 소 구 지

木、
목

에 6:5

侍臣對曰、
시 신 대 왈

哈曼立於院中、
합 만 립 어 원 중

王曰、
왕 왈

使之入、
사 지 입

에 6:6

哈曼入、
합 만 입

王問曰、
왕 문 왈

王欲榮者、
왕 욕 영 자

若何待之、
약 하 대 지

哈曼意謂、
합 만 의 위

王欲榮者、
왕 욕 영 자

孰逾於我、
숙 유 어 아

에 6:7

遂曰、
수 왈

王欲榮之、
왕 욕 영 지

에 6:8

則取王所服之朝衣、
칙 취 왕 소 복 지 조 의

及王所乘戴冠之馬、
급 왕 소 승 대 관 지 마

에 6:9

以衣與馬、
이 의 여 마

付最尊之大臣一人、
부 최 존 지 대 신 일 인

以衣衣王所欲榮者、
이 의 의 왕 소 욕 영 자

使之乘馬、
사 지 승 마

遊於邑衢、
유 어 읍 구

宣告其前曰、
선 고 기 전 왈

王欲榮者、
왕 욕 영 자

待之若是、
대 지 약 시

에6:10

王命哈曼曰、
왕 명 합 만 왈

速取衣馬、
속 취 의 마

依爾所言、
의 이 소 언

以待坐於禦門者、
이 대 좌 어 어 문 자

猶大人末底改、
유 대 인 말 저 개

凡爾所言、
범 이 소 언

毋少欠缺、
무 소 흠 결

에6:11

哈曼遂取衣馬、
합 만 수 취 의 마

以衣衣末底改、
이 의 의 말 저 개

俾其乘馬、
비 기 승 마

遊於邑衢、
유 어 읍 구

宣告其前曰、
선 고 기 전 왈

王欲榮者、
왕 욕 영 자

待之若是、
대 지 약 시

에6:12

末底改反禦門、
말 저 개 반 어 문

哈曼則憂、
합 만 칙 우

蒙首趨歸、
몽 수 추 귀

에6:13
以所遇之事、
이 소 우 지 사
悉告其妻細利斯、
실 고 기 처 세 리 사
及諸友朋、
급 제 우 붕
彼之智士、
피 지 지 사
曁其妻曰、
기 기 처 왈
爾始屈於末底改、
이 시 굴 어 말 저 개
如彼果猶大族、
여 피 과 유 대 족
爾必不能與抗、
이 필 불 능 여 항
終必僕於其前、
종 필 복 어 기 전

에6:14
言時、
언 시

王之內豎至、
왕 지 내 수 지

亟攜哈曼、
극 휴 합 만

赴以斯帖所備之宴、
부 이 사 첩 소 비 지 연

以斯帖記 第七章
이 사 첩 기 제 칠 장

에 7:1

王與哈曼、
왕 여 합 만

赴後以斯帖之宴、
부 후 이 사 첩 지 연

에 7:2

是日宴時、
시 일 연 시

王復問以斯帖曰、
왕 복 문 이 사 첩 왈

後以斯帖、
후 이 사 첩

爾何所求、
이 하 소 구

我必予爾、
아 필 여 이

爾何所欲、
이 하 소 욕

卽國之半、
즉 국 지 반

亦必爲之、
역 필 위 지

에 7:3

後以斯帖對曰、
후 이 사 첩 대 왈

我若沾恩於王前、
아 약 첨 은 어 왕 전

且王悅之、
차 왕 열 지

則請依我所求、
칙 청 의 아 소 구

賜我生命、
사 아 생 명

依我所欲、
의 아 소 욕

保我民族、
보 아 민 족

에 7:4

我與我民見鬻、
아 여 아 민 견 죽

欲加殺戮翦滅、
욕 가 살 륙 전 멸

俾歸隕亡、
비 귀 운 망

我儕若被鬻爲奴爲
아 제 약 피 죽 위 노 위

婢、
비

我則緘默不言、
아 칙 함 묵 불 언

蓋以我儕遇禍、
개 이 아 제 우 화

較王受損、
교 왕 수 손

不足數也、
불 족 수 야

에 7:5

王謂後以斯帖曰、
왕 위 후 이 사 첩 왈

敢起意爲此者、
감 기 의 위 차 자

誰乎、
수 호

其人何在、
기 인 하 재

에 7:6

以斯帖曰、
이 사 첩 왈

厥仇厥敵、
궐 구 궐 적

卽此惡人哈曼也、
즉 차 악 인 합 만 야

於是哈曼驚懼、
어 시 합 만 경 구

在王與後前、
재 왕 여 후 전

에 7:7

王忿然而起、
왕 분 연 이 기

離席往於禦苑、
리 석 왕 어 어 원

哈曼知王必罪己、
합 만 지 왕 필 죄 기

則起立、
칙 기 립

求後以斯帖救其生
구 후 이 사 첩 구 기 생

命、
명

에 7:8

王自禦苑復返宴所、
왕 자 어 원 복 반 연 소

見哈曼伏於以斯帖所
견 합 만 복 어 이 사 첩 소

在之榻、
재 지 탑

則曰、
칙 왈

在宮中、
재 궁 중

在我前、
재 아 전

彼乃强迫後耶、
피 내 강 박 후 야

王出斯言、
왕 출 사 언

左右遂蒙哈曼面、
좌 우 수 몽 합 만 면

에 7:9

侍王之內豎哈波拿
시 왕 지 내 수 합 파 나

曰、
왈

末底改昔有救王之
말 저 개 석 유 구 왕 지

功、
공

哈曼爲之備木、
합만위지비목

高五丈、
고오장

今立於己家、
금립어기가

王曰、
왕왈

懸之其上、
현지기상

에 7:10

遂以哈曼、
수이합만

懸於爲末底改所備之
현어위말저개소비지

木、
목

王怒乃息、
왕노내식

以斯帖記 第八章
이사첩기 제팔장

에 8:1

是日亞哈隨魯王、
시 일 아 합 수 로 왕
以猶大人之仇哈曼
이 유 대 인 지 구 합 만
家、
가
付於後以斯帖、
부 어 후 이 사 첩
末底改亦覲王、
말 저 개 역 근 왕
蓋以斯帖告王爲己戚
개 이 사 첩 고 왕 위 기 척
屬也、
속 야

에 8:2
王脫己之指環、
왕 탈 기 지 지 환
由哈曼所奪者、
유 합 만 소 탈 자
錫末底改、
석 말 저 개
以斯帖委末底改治哈
이 사 첩 위 말 저 개 치 합
曼家、
만 가

에8:3

以斯帖復言於王前、
이 사 첩 복 언 어 왕 전

伏其足下、
복 기 족 하

涕泣哀求、
체 읍 애 구

除亞甲族人哈曼之
제 아 갑 족 인 합 만 지

害、
해

及攻猶大人之惡謀、
급 공 유 대 인 지 악 모

에8:4

王向以斯帖舉其金
왕 향 이 사 첩 거 기 금

杖、
장

以斯帖起、
이 사 첩 기

立於王前、
립 어 왕 전

에8:5

曰、
왈

亞甲族人、
아 갑 족 인

哈米大他子哈曼、
함 미 대 타 자 함 만

設謀頒詔、
설 모 반 조

殺戮在王諸州之猶大人、
살 륙 재 왕 제 주 지 유 대 인

如王悅之、
여 왕 열 지

我若沾恩於王前、
아 약 첨 은 어 왕 전

王視爲善、
왕 시 위 선

王目悅我、
왕 목 열 아

則請降諭廢之、
칙 청 강 유 폐 지

에 8:6

我民遇害、
아 민 우 해

我何以堪、
아 하 이 감

我族被滅、
아 족 피 멸

我何忍見、
아 하 인 견

에 8:7

王謂後以斯帖、
왕 위 후 이 사 첩

及猶大人末底改曰、
급 유 대 인 말 저 개 왈

哈曼欲害猶大人、
합 만 욕 해 유 대 인

被懸於木、
피 현 어 목

我以其家賜以斯帖、
아 이 기 가 사 이 사 첩

에 8:8

今可隨意、
금 가 수 의

託王名書詔、
탁 왕 명 서 조

頒於猶大人、
반 어 유 대 인

以王指環鈐之、
이 왕 지 환 검 지

蓋繕以王名、
개 선 이 왕 명

鈐以王指環之詔、
검 이 왕 지 환 지 조

莫能廢也、
막 능 폐 야

에8:9

三月卽西彎月、
삼 월 즉 서 만 월

二十三日、
이 십 삼 일

王之繕寫見召、
왕 지 선 사 견 소

從末底改所言書詔、
종 말 저 개 소 언 서 조

傳於自印度至古實、
전 어 자 인 도 지 고 실

百有二十七州之猶大人、
백 유 이 십 칠 주 지 유 대 인

以及大臣、
이 급 대 신

方伯民長、
방 백 민 장

依各州之文字、
의 각 주 지 문 자

各族之方言、
각 족 지 방 언

亦按猶大人之文字方
역 안 유 대 인 지 문 자 방

言、
언

에8:10

繕以亞哈隨魯王名、
서 이 아 하 수 루 왕 명

鈐以王之指環、
검 이 왕 지 지 환

遣郵乘禦廄所產快馬
견 우 승 어 구 소 산 쾌 마

傳之、
전 지

에8:11

12 詔曰、
조 왈

王許各州諸邑之猶大
왕 허 각 주 제 읍 지 유 대

人、
인

於十二月、
어 십 이 월

卽亞達月十三日、
즉 아 달 월 십 삼 일

一日之間咸集、
일 일 지 간 함 집

自相扞衛、
자 상 한 위

以保其生、
이 보 기 생

殺戮翦滅各州作勢攻
살 륙 전 멸 각 주 작 세 공

彼之人、
피 지 인

使之隕亡、
사 지 운 망

及厥婦孺、
급 궐 부 유

取其貨財、
취 기 화 재

以爲己有、
이 위 기 유

에 8:13

書錄此詔、
서 록 차 조

頒行各州、
반 행 각 주

宣告各族、
선 고 각 족

使猶大人設備、
사 유 대 인 설 비

屆期復仇於敵、
계 기 복 구 어 적

에 8:14

郵乘禦馬之快者、
우 승 어 마 지 쾌 자

奉王命而疾馳、
봉 왕 명 이 질 치

此詔出自書珊宮、
차 조 출 자 서 산 궁

에 8:15

末底改衣朝服、
말 저 개 의 조 복

厥色藍白、
궐 색 람 백

首冠大金冕、
수 관 대 금 면

外衣赤枲袍、
외 의 적 시 포

出自王前、
출 자 왕 전

書珊邑民、
서 산 읍 민

歡呼喜樂、
환 호 희 악

에8:16

猶大人咸有光寵尊
유 대 인 함 유 광 총 존

榮、
영

欣喜歡忭、
흔 희 환 변

에8:17

王詔所至各州大邑、
왕 조 소 지 각 주 대 읍

猶大人欣喜歡忭、
유 대 인 흔 희 환 변

設筵守爲佳日、
설 연 수 위 가 일

斯土之民緣畏猶大
사 토 지 민 연 외 유 대

人、
인

入其籍者多焉、
입 기 적 자 다 언

以斯帖記 第九章
이 사 첩 기 제 구 장

에 9:1
十二月卽亞達月、
십 이 월 즉 아 달 월
十三日、
십 삼 일
猶大人之仇、
유 대 인 지 구
將行王之前詔、
장 행 왕 지 전 조
冀制猶大人、
기 제 유 대 인
而反爲猶大人所制、
이 반 위 유 대 인 소 제

에 9:2
是日猶大人、
시 일 유 대 인
集於亞哈隨魯王各州
집 어 아 합 수 로 왕 각 주
諸邑、
제 읍

殺戮欲害己者、
살 륙 욕 해 기 자

莫能禦之、
막 능 어 지

以諸族咸畏之也、
이 제 족 함 외 지 야

에 9:3

州牧、
주 목

大臣、
대 신

方伯、
방 백

曁從王事之百寮、
기 종 왕 사 지 백 료

畏末底改、
외 말 저 개

助猶大人、
조 유 대 인

에 9:4

蓋末底改尊於朝廷、
개 말 저 개 존 어 조 정

名揚諸州、
명 양 제 주

爵位日隆、
작 위 일 륭

에 9:5
猶大人以刃擊諸敵、
유 대 인 이 인 격 제 적
殺戮之、
살 륙 지
翦滅之、
전 멸 지
凡憾之者、
범 감 지 자
任意而待、
임 의 이 대

에 9:6
在書珊城、
재 서 산 성
猶大人殺五百人、
유 대 인 살 오 백 인

에 9:7
又殺巴珊大他、
우 살 파 산 대 타
達分、
달 분
亞斯帕他、
아 사 파 타

에 9:8

破拉他、
파랍타

亞大利雅、
아대리아

亞利大他、
아리대타

에 9:9

帕瑪斯他、
파마사타

亞利賽、
아리새

亞利代、
아리대

瓦耶撒他、
와야살타

에 9:10

此十人、
차십인

乃哈米大他之孫、
내합미대타지손

猶大人敵哈曼之子、
유대인적합만지자

惟不取其貨財、
유불취기화재

에 9:11

當日在書珊城、
당 일 재 서 산 성

核被殺者之數、
핵 피 살 자 지 수

呈於王前、
정 어 왕 전

에 9:12

王以告後以斯帖曰、
왕 이 고 후 이 사 첩 왈

猶大人在書珊城中、
유 대 인 재 서 산 성 중

旣殺五百人、
기 살 오 백 인

並戮哈曼十子、
병 륙 합 만 십 자

則在王之諸州、
칙 재 왕 지 제 주

其所爲者可知矣、
기 소 위 자 가 지 의

今爾何求、
금 이 하 구

我必予爾、
아 필 여 이

尙有所欲、
상 유 소 욕

我必爲之、
아 필 위 지

에9:13

以斯帖曰、
이 사 첩 왈

如王悅之、
여 왕 열 지

則請允居書珊之猶大
칙 청 윤 거 서 산 지 유 대

人、
인

明日仍行今日之詔、
명 일 잉 행 금 일 지 조

並以哈曼十子、
병 이 합 만 십 자

懸之於木、
현 지 어 목

에9:14

王命依此而行、
왕 명 의 차 이 행

頒詔於書珊、
반 조 어 서 산

遂取哈曼十子懸之、
수 취 합 만 십 자 현 지

에 9:15
亞達月十四日、
아 달 월 십 사 일
居書珊之猶大人復集、
거 서 산 지 유 대 인 복 집
殺三百人、
살 삼 백 인
惟不取其貨財、
유 불 취 기 화 재

에 9:16
在王諸州之猶大人亦集、
재 왕 제 주 지 유 대 인 역 집
自相扞衛、
자 상 한 위
以保其生、
이 보 기 생
免敵之擾、
면 적 지 요

殺憾己者、
살 감 기 자

七萬五千人、
칠 만 오 천 인

惟不取其貨財、
유 불 취 기 화 재

에9:17

亞達月十三日行此
아 달 월 십 삼 일 행 차

事、
사

十四日憩息、
십 사 일 게 식

以爲筵宴喜樂之日、
이 위 연 연 희 악 지 일

에9:18

居書珊之猶大人、
거 서 산 지 유 대 인

於十三日、
어 십 삼 일

十四日會集、
십 사 일 회 집

十五日憩息、
십 오 일 게 식

以爲設筵喜樂之日、
이 위 설 연 희 악 지 일

에 9:19

故居鄉里之猶大人、
고 거 향 리 지 유 대 인

今於亞達月十四日、
금 어 아 달 월 십 사 일

筵宴喜樂、
연 연 희 악

以爲佳日、
이 위 가 일

互相饋遺、 ○
호 상 궤 유

에 9:20

末底改錄其事、
말 저 개 록 기 사

致書在亞哈隨魯王諸
치 서 재 아 합 수 로 왕 제

州之猶大人、
주 지 유 대 인

無間遠邇、
무 간 원 이

에 9:21

每歲守亞達月之十四
매 세 수 아 달 월 지 십 사

日、
일

十五日、
십오일

에 9:22

以是月是日、
이시월시일

猶大人免敵之擾、
유대인면적지요

轉憂爲喜、
전우위희

轉戚爲愉、
전척위유

守爲佳日、
수위가일

於此二日、
어차이일

筵宴喜樂、
연연희악

互相饋遺、
호상궤유

賙恤貧乏、
주휼빈핍

에 9:23

猶大人循末底改所達
유대인순말저개소달
之書、
지서
以始行之事、
이시행지사
立爲永例、
립위영례

에9:24
蓋亞甲族人、
개아갑족이
哈米大他子哈曼、
합미대타자합만
謀害猶大人、
모해유대인
慾殲其衆、
욕섬기중
掣普珥卽簽、
체보이즉첨
定日殺戮之、
정일살륙지
剿滅之、
초멸지

에9:25

其事爲王所知、
기 사 위 왕 소 지

王則頒詔、
왕 칙 반 조

使哈曼謀害猶大人之
사 함 만 모 해 유 대 인 지

惡計、
악 계

歸於其首、
귀 어 기 수

父子俱懸於木、
부 자 구 현 어 목

에 9:26

後以普珥音義、
후 이 보 이 음 의

名斯二日曰普琳、
명 사 이 일 왈 보 림

猶大人緣此書所載、
유 대 인 연 차 서 소 재

及己所見所遇、
급 기 소 견 소 우

에 9:27

議定己與後裔、
의 정 기 여 후 예

及凡歸附之者、
급 범 귀 부 지 자

每歲依其例文、
매 세 의 기 례 문

屆期守此二日、
계 기 수 차 이 일

永世弗替、
영 세 불 체

에 9:28

各州諸邑、
각 주 제 읍

歷世各家、
력 세 각 가

謹記恪守是日、
근 기 각 수 시 일

此普琳日、
차 보 림 일

在猶太人中、
재 유 대 인 중

必不可廢、
필 불 가 폐

其裔永誌弗諼、
기 예 영 지 불 훤

에 9:29

亞比孩女、
아 비 해 녀

王後以斯帖、
왕 후 이 사 첩

及猶大人末底改、
급 유 대 인 말 저 개

爲文以證普琳之第二
위 문 이 증 보 림 지 제 이

書、
서

에 9:30

且以和平誠實之言、
차 이 화 평 성 실 지 언

致書於亞哈隨魯國、
치 서 어 아 합 수 로 국

百有二十七州之猶大
백 유 이 십 칠 주 지 유 대

人、
인

에 9:31

依期守普琳日、
의 기 수 보 림 일

循猶大人末底改、
순 유 대 인 말 저 개

及後以斯帖所命、
급 후 이 사 첩 소 명

從猶大人爲己及裔、
종 유 대 인 위 기 급 예

所定禁食哭號之例、
소 정 금 식 곡 호 지 례

에 9:32

以斯帖降諭、
이 사 첩 강 유

定守普琳日、
정 수 부 림 일

其事錄之於冊、
기 사 록 지 어 책

以斯帖記 第十章
이 사 첩 기 제 십 장

에 10:1

亞哈隨魯王使平陸海島、
아 합 수 로 왕 사 평 륙 해 도

咸納貢稅、
함 납 공 세

에 10:2

彼以權力所行、
피 이 권 력 소 행

及擢末底改、
급 탁 말 저 개

加以顯爵、
가 이 현 작

其事之詳、
기 사 지 상

俱載於瑪代波斯列王
구 재 어 마 대 파 사 열 왕

紀、
기

에10:3

猶大人末底改、
유 대 인 말 저 개

位居亞哈隨
위 거 아 합 수

魯王之次、
로 왕 지 차

在猶大人中爲尊、
재 유 대 인 중 위 존

見悅於諸同宗、
견 열 어 제 동 종

以和平之言、
이 화 평 지 언

安撫其族、
안 무 기 족

惟求其民之益焉、
유 구 기 민 지 익 언

約伯記 第一章
약 백 기 제 일 장

욥 1:1

烏斯地有名約伯者、
오 사 지 유 명 약 백 자

爲人純全端正、
위 인 순 전 단 정

寅畏天上帝、
인 외 천 상 제

離棄諸惡、
리 기 제 악

욥 1:2

生子七、
생 자 칠

女三、
녀 삼

욥 1:3

其產有羊七千、
기 산 유 양 칠 천

駝三千、
타 삼 천

牛五百耦、
우 오 백 우

牝驢五百、
빈 려 오 백

僕從衆多、
복 종 중 다

在東方、
재 동 방

斯人爲至大、
사 인 위 지 대

욥 1:4

厥子各於所定之日、
궐 자 각 어 소 정 지 일

設筵於室、
설 연 어 실

邀其姊妹三人共食、
요 기 자 매 삼 인 공 식

욥 1:5

宴日旣過、
연 일 기 과

約伯召而潔之、
약 백 소 이 결 지

晨興、
신 흥

按其人數、
안 기 인 수

爲之獻燔祭、
위 지 헌 번 제

蓋曰、
개 왈

恐我子干罪、
공 아 자 간 죄

心違祆上帝、
심 위 천 상 제

約伯所爲恆若此、○
약 백 소 위 긍 약 차

욥 1:6

一日、
일 일

祆上帝衆子詣
천 상 제 중 자 예

耶和華前、
야 화 화 전

撒但亦與焉、
살 단 역 여 언

욥 1:7

耶和華謂撒但曰、
야 화 화 위 살 단 왈

爾奚自、
이 해 자

對曰、
대 왈

遍歷塵寰、
편 력 진 환

往來其間而返、
왕 래 기 간 이 반

욥 1:8

耶和華曰、
야 화 화 왈

我僕約伯、
아 복 약 백

爾留意乎、
이 류 의 호

彼純全端正、
피 순 전 단 정

寅畏祆上帝、
인 외 천 상 제

離棄諸惡、
리 기 제 악

世無其匹、
세 무 기 필

욥 1:9

對曰、
대왈
約伯寅畏祆上帝、
약백인외천상제
豈無所爲乎、
기무소위호

욥 1:10
爾豈非藩圍其身家、
이기비번위기신가
及凡所有乎、
급범소유호
錫嘏其手所爲、
석하기수소위
其產增益於地、
기산증익어지

욥 1:11
今且伸手擊其所有、
금차신수격기소유
必面違爾、
필면위이

욥 1:12
耶和華曰、
야화화왈
凡彼所有、
범피소유

悉付爾手、
실 부 이 수

惟勿加手於其身、
유 물 가 수 어 기 신

撒但乃退、○
살 단 내 퇴

욥1:13

一日、
일 일

約伯子女宴於兄室、
약 백 자 녀 연 어 형 실

욥1:14

使者來告約伯曰、
사 자 래 고 약 백 왈

牛耕於田、
우 경 어 전

驢齧芻於側、
려 설 추 어 측

욥1:15

示巴人猝至、
시 파 인 졸 지

掠之、
략 지

以刃殺僕、
이 인 살 복

惟我獨逃、
유 아 독 도

以告、
이 고

욥 1:16

言時、
언 시

又一人至曰、
우 일 인 지 왈

祆上帝之火、
천 상 제 지 화

自天而降、
자 천 이 강

焚羊及僕、
분 양 급 복

惟我獨逃、
유 아 독 도

以告、
이 고

욥 1:17

言時、
언 시

又一人至曰、
우 일 인 지 왈

迦勒底人、
가륵저인

分爲三隊猝至、
분위삼대졸지

掠駝、
략타

以刃殺僕、
이인살복

惟我獨逃、
유아독도

以告、
이고

욥1:18

言時、
언시

又一人至曰、
우일인지왈

爾子女宴於兄室、
이자녀연어형실

욥1:19

大風自野至、
대풍자야지

擊室四隅、
격실사우

室傾、
실 경

少者被壓而死、
소 자 피 압 이 사

惟我獨逃、
유 아 독 도

以告、
이 고

욥 1:20

約伯遂起、
약 백 수 기

裂衣薙首、
렬 의 치 수

伏地而拜、
복 지 이 배

욥 1:21

曰、
왈

我裸而出母胎、
아 라 이 출 모 태

亦裸而歸、
역 라 이 귀

耶和華與之、
야 화 화 여 지

耶和華取之、
야 화 화 취 지

耶和華之名、
야 화 화 지 명

宜頌美也、
의 송 미 야

욥 1:22

約伯於此諸事、
약 백 어 차 제 사

不干罪、
불 간 죄

不非祅上帝、
불 비 천 상 제

約伯記 第二章
약 백 기 제 이 장

욥 2:1

又一日、
우 일 일

祅上帝衆子詣耶和華
천 상 제 중 자 예 야 화 화

前、
전

撒但亦與焉、
살 단 역 여 언

욥 2:2

耶和華謂撒但曰、
야화화위살단왈

爾奚自、
이해자

對曰、
대왈

遍歷塵寰、
편력진환

往來其間而返、
왕래기간이반

욥 2:3

耶和華曰、
야화화왈

我僕約伯、
아복약백

爾留意乎、
이류의호

彼純全端正、
피순전단정

寅畏祆上帝、
인외천상제

離棄諸惡、
리기제악

世無其匹、
세무기필

爾雖激我、
이 수 격 아

無故滅之、
무 고 멸 지

彼仍守厥正、
피 잉 수 궐 정

욥 2:4

撒但對曰、
살 단 대 왈

以皮代皮、
이 피 대 피

人願捐其所有、
인 원 연 기 소 유

以保生命、
이 보 생 명

욥 2:5

今且伸手擊其骨肉、
금 차 신 수 격 기 골 육

必面違爾、
필 면 위 이

욥 2:6

耶和華曰、
야 화 화 왈

彼在爾手、
피 재 이 수

惟存其生、
유 존 기 생

욥 2:7

撒但退、
살 단 퇴

擊約伯、
격 약 백

使之發癰、
사 지 발 옹

自踵至頂、
자 종 지 정

욥 2:8

乃坐於灰、
내 좌 어 회

以片瓦搔身、
이 편 와 소 신

욥 2:9

其妻曰、
기 처 왈

爾猶守正乎、
이 유 수 정 호

其違祆上帝而死、
기 위 천 상 제 이 사

욥 2:10

曰、
왈

爾出言、
이 출 언

如愚婦也、
여 우 부 야

我儕自祆上帝受福、
아 제 자 천 상 제 수 복

不亦受禍乎、
불 역 수 화 호

約伯於此諸事、
약 백 어 차 제 사

未嘗以口干罪、 ○
미 상 이 구 간 죄

욥 2:11

約伯三友、
약 백 삼 우

提幔人以利法、
제 만 인 이 리 법

書亞人比勒達、
서 아 인 비 륵 달

拿瑪人瑣法、
나 마 인 쇄 법

聞彼遭此諸難、
문 피 조 차 제 난

各自其地至、
각 자 기 지 지

相約偕往、
상 약 해 왕

哀而慰之、
애 이 위 지

욥 2:12

擧目遙望、
거 목 요 망

而不之識、
이 불 지 식

大聲號哭、
대 성 호 곡

各裂其衣、
각 렬 기 의

向天揚塵蒙首、
향 천 양 진 몽 수

욥 2:13

同坐於地、
동 좌 어 지

歷七晝夜、
력 칠 주 야

見其憂甚、
견 기 우 심

無與言者、
무 여 언 자

約伯記 第三章
약 백 기 제 삼 장

욥 3:1

厥後、
궐 후

約伯啟口、
약 백 계 구

詛其誕辰、
저 기 탄 진

욥 3:2

一 3 曰、
왈

願我生之日泯沒、
원 아 생 지 일 민 몰

人言妊男之夕無有、
인 언 임 남 지 석 무 유

욥 3:4

願是日晦冥、
원 시 일 회 명

祆上帝不垂顧之、
천 상 제 불 수 고 지

輝光不燭照之、
휘 광 불 촉 조 지

욥 3:5

願幽暗陰翳取之、
원 유 암 음 예 취 지

靉靆覆之、
애 체 복 지

日蝕恐之、
일 식 공 지

욥 3:6

願是夕爲昏黑所奪、
원 시 석 위 혼 흑 소 탈

不豫於年期、
불 예 어 년 기

不入乎月數、
불 입 호 월 수

욥 3:7

願是夕孤寂、
원 시 석 고 적

不聞歡聲、
불 문 환 성

욥 3:8

願彼詛日、
원 피 저 일

有術招鱷者詛之、
유 술 초 악 자 저 지

욥 3:9

願其晨星闇然、
원 기 신 성 암 연

盼光不得、
반 광 불 득

曙色不見、
서 색 불 견

욥3:10

因其不閉我母胎之門、
인 기 불 폐 아 모 태 지 문

不掩我目前之難、
불 엄 아 목 전 지 난

욥3:11

我何不墮胎而死、
아 하 불 타 태 이 사

何不甫產而亡、
하 불 보 산 이 망

욥3:12

胡爲膝接我、
호 위 슬 접 아

乳哺我、
유 포 아

욥3:13

非然者、
비 연 자

則已宴然而臥、
즉 이 연 연 이 와

安然而寢、
안 연 이 침

욥 3:14

與爲己重建邱墟之君
여 위 기 중 건 구 허 지 군

相同在、
상 동 재

욥 3:15

或與有金、
혹 여 유 금

以銀充室之侯伯相
이 은 충 실 지 후 백 상

偕、
해

욥 3:16

或如未滿期之胎、
혹 여 미 만 기 지 태

未見光之嬰、
미 견 광 지 영

욥 3:17

在彼兇暴者息騷擾、
재 피 흉 폭 자 식 소 요

困憊者得康寧、
곤 비 자 득 강 녕

욥 3:18

囚者相安、
수 자 상 안

不聞督迫之聲、
불 문 독 박 지 성

욥 3:19

尊卑同居、
존 비 동 거

奴脫於主、○
노 탈 어 주

욥 3:20

胡爲賜光於受難者、
호 위 사 광 어 수 난 자

賜生於苦心者、
사 생 어 고 심 자

욥 3:21

彼望死不得、
피 망 사 불 득

掘地求之、
굴 지 구 지

甚於求寶藏、
심 어 구 보 장

욥 3:22

尋獲塚墓、
심 획 총 묘

則喜樂不勝、
칙 희 악 불 승

욥 3:23

人爲祆上帝所域、
인 위 천 상 제 소 역

行徑迷茫、
행 경 미 망

胡爲錫之以光、
호 위 석 지 이 광

욥 3:24

我未食而先歎、
아 미 식 이 선 탄

呻吟之聲、
신 음 지 성

有如水湧、
유 여 수 용

욥 3:25

所慮者臨我、
소 려 자 림 아

所懼者及我、
소구자급아

욥 3:26

不得平康、
불득평강

不得安居、
불득안거

不得宴息、
불득연식

而難至焉、
이난지언

約伯記 第四章
약백기 제사장

욥 4:1

提幔人以利法曰、
제만인이리법왈

욥 4:2

人若試與爾言、
인약시여이언

爾厭之乎、
이염지호

然誰能自禁不言耶、
연수능자금불언야

욥 4:3

昔爾訓衆、
석 이 훈 중

手弱者堅之、
수 약 자 견 지

욥 4:4

將躓者以言持之、
장 지 자 이 언 지 지

膝弱者健之、
슬 약 자 건 지

욥 4:5

今也災難臨爾、
금 야 재 난 림 이

而爾迷惘、
이 이 미 망

迫爾、
박 이

而爾驚惶、
이 이 경 황

욥 4:6

爾之所恃、
이 지 소 시

非在寅畏乎、
비 재 인 외 호

爾之所望、
이 지 소 망

非在正行乎、
비 재 정 행 호

욥 4:7
試思無辜者伊誰淪
시 사 무 고 자 이 수 륜
沒、
몰
端正者何處見絶、
단 정 자 하 처 견 절

욥 4:8
以我觀之、
이 아 관 지
耕惡種孽、
경 악 종 얼
所穫如之、
소 확 여 지

욥 4:9
天上帝吹噓、
천 상 제 취 허
彼則喪亡、
피 칙 상 망
天上帝震怒、
천 상 제 진 노
彼則消滅、
피 칙 소 멸

욥 4:10

獅之吼、
사 지 후

與猛獅之聲俱息、
여 맹 사 지 성 구 식

稚獅之齒見折、
치 사 지 치 견 절

욥 4:11

老獅絕食而死、
로 사 절 식 이 사

牝獅之子離散、
빈 사 지 자 리 산

욥 4:12

我竊得一事、
아 절 득 일 사

我耳微聞其聲、
아 이 미 문 기 성

욥 4:13

乃於夜間人酣睡時、
내 어 야 간 인 감 수 시

出於幻想之意、
출 어 환 상 지 의

욥 4:14

驚駭戰慄臨我、
경 해 전 률 림 아

百骨悚動、
백 골 송 동

욥4:15

神過我前、
신 과 아 전

毛髮森竪、
모 발 삼 수

욥4:16

彼立、
피 립

不辨其狀、
불 변 기 상

第見有象、
제 견 유 상

在於目前、
재 어 목 전

靜默之中、
정 묵 지 중

我聞有聲云、
아 문 유 성 운

욥4:17

必死之人、
필 사 지 인

豈義於天上帝乎、
기 의 어 천 상 제 호

世人豈潔於造之者
세인기결어조지자
乎、
호

욥 4:18

卽其臣僕、
즉기신복
猶不足恃、
유불족시
卽其使者、
즉기사자
尙責其愚、
상책기우

욥 4:19

況居土舍、
황거토사
基塵埃、
기진애
爲蠹所敗者乎、
위두소패자호

욥 4:20

旦夕之間、
단석지간
卽見毁滅、
즉견훼멸

永歸烏有、
영 귀 오 유

無人介意、
무 인 개 의

욥 4:21

其中幕索、
기 중 막 색

非見奪乎、
비 견 탈 호

未得智慧、
미 득 지 혜

而隕亡焉、
이 운 망 언

約伯記 第五章
약 백 기 제 오 장

욥 5:1

爾且呼籲、
이 차 호 유

有應者乎、
유 응 자 호

諸聖之中、
제 성 지 중

爾誰向乎、
이 수 향 호

욥 5:2

忿怒殺愚人、
분 노 살 우 인

妒忌滅癡者、
투 기 멸 치 자

욥 5:3

嘗見愚者盤根、
상 견 우 자 반 근

我立詛其室家、
아 립 저 기 실 가

욥 5:4

其子遠乎寧域、
기 자 원 호 녕 역

受屈抑於邑門、
수 굴 억 어 읍 문

無人援拯、
무 인 원 증

욥 5:5

飢者食其禾稼、
기 자 식 기 화 가

自棘籬而取之、
자 극 리 이 취 지

陷阱啟口、
함 정 계 구

呑其貨財、
탄 기 화 재

욥 5:6

禍非自土而生、
화 비 자 토 이 생

災非自地而發、
재 비 자 지 이 발

욥 5:7

人生遇難、
인 생 우 난

如火星之飛揚、
여 화 성 지 비 양

욥 5:8

若我、
약 아

則必仰望祆上帝、
칙 필 앙 망 천 상 제

以事託之、
이 사 탁 지

욥 5:9

彼行大事不可測、
피 행 대 사 불 가 측

行奇事不勝數、
행 기 사 불 승 수

욥 5:10

降雨於土壤、
강 우 어 토 양

賜水於田疇、
사 수 어 전 주

욥 5:11
卑者置之於高處、
비 자 치 지 어 고 처
憂者擧之於寧域、
우 자 거 지 어 녕 역

욥 5:12
敗狡者之計、
패 교 자 지 계
俾其所謀不得成、
비 기 소 모 불 득 성

욥 5:13
令智者自中其詭計、
령 지 자 자 중 기 궤 계
使譎者之謀早敗、
사 휼 자 지 모 조 패

욥 5:14
若輩晝遇晦冥、
약 배 주 우 회 명
午間捫搎、
오 간 문 손
有如昏夜、
유 여 혼 야

욥 5:15

惟祆上帝脫貧人於口
유 천 상 제 탈 빈 인 어 구

中刀、
중 도

援之於强者手、
원 지 어 강 자 수

욥 5:16

如是、
여 시

窮乏者有望、
궁 핍 자 유 망

不義者緘口、○
불 의 자 함 구

욥 5:17

祆上帝所懲者有福、
천 상 제 소 징 자 유 복

故全能者之譴責、
고 전 능 자 지 견 책

爾勿輕視、
이 물 경 시

욥 5:18

蓋彼破之、
개 피 파 지

而復裹之、
이 복 과 지

傷之、
상 지

而手醫之、
이 수 의 지

욥 5:19

爾遇六災、
이 우 육 재

彼必救之、
피 필 구 지

即遭七難、
즉 조 칠 난

禍不及身、
화 불 급 신

욥 5:20

饑時拯爾於死亡、
기 시 증 이 어 사 망

戰時脫爾於鋒刃、
전 시 탈 이 어 봉 인

욥 5:21

口舌之害、
구 설 지 해

爾得避匿、
이 득 피 닉

災禍臨時、
재 화 림 시

爾無畏懼、
이 무 외 구

욥 5:22

遭毁滅饑饉而反笑、
조 훼 멸 기 근 이 반 소

遇野獸亦無恐、
우 야 수 역 무 공

욥 5:23

田石爾與盟、
전 석 이 여 맹

野獸與爾和、
야 수 여 이 화

욥 5:24

帳幕之安可知、
장 막 지 안 가 지

稽爾羊牢、
계 이 양 뢰

無有所失、
무 유 소 실

욥 5:25

且知爾族繁衍、
차 지 이 족 번 연

爾裔如地上之茂草、
이 예 여 지 상 지 무 초

욥 5:26

爾壽滿盈、
이수만영

始歸墳墓、
시귀분묘

譬諸禾束、
비제화속

屆期蓋藏、
계기개장

욥 5:27

此理我已詳察、
차리아이상찰

誠爲如是、
성위여시

爾其聞而知之、
이기문이지지

自得其益、
자득기익

約伯記 第六章
약백기 제륙장

욥 6:1

約伯曰、
약백왈

욥 6:2

惟願權我之憂、
유원권아지우

衡我之難、
형 아 지 난

욥 6:3

較諸海沙尤重、
교 제 해 사 우 중

故我言詞造次、
고 아 언 사 조 차

욥 6:4

全能者之矢、
전 능 자 지 시

入於我躬、
입 어 아 궁

我神飮其毒、
아 신 음 기 독

祆上帝之威烈、
천 상 제 지 위 렬

列陳攻我、
열 진 공 아

욥 6:5

野驢有薪豈呼乎、
야 려 유 신 기 호 호

牛有芻豈鳴乎、
우 유 추 기 명 호

욥 6:6

物淡無鹽可食乎、
물 담 무 염 가 식 호

蛋白有味乎、
단 백 유 미 호

욥 6:7

此事乃如可厭之食、
차 사 내 여 가 염 지 식

我靈弗受之、
아 령 불 수 지

욥 6:8

惟願得我所求、
유 원 득 아 소 구

祆上帝賜我所望、
천 상 제 사 아 소 망

욥 6:9

卽其樂意壓我、
즉 기 악 의 압 아

伸手絕我、
신 수 절 아

욥 6:10

我則尚有慰藉、
아 칙 상 유 위 자

縱罹無已之苦、
종 리 무 이 지 고

猶可踴躍、
유 가 용 약

因我未違聖者之言、
인 아 미 위 성 자 지 언

욥 6:11

我力若何、
아 력 약 하

尚可待乎、
상 가 대 호

我終若何、
아 종 약 하

尚可忍乎、
상 가 인 호

욥 6:12

我力豈石之力乎、
아 력 기 석 지 력 호

我體豈銅乎、
아 체 기 동 호

욥 6:13

我中非無輔助乎、
아 중 비 무 보 조 호

我智非盡屏除乎、
아 지 비 진 병 제 호

욥 6:14

人將頹敗、
인장퇴패

失其對全能者之寅
실기대전능자지인

畏、
외

其友宜矜恤之、
기우의긍휼지

욥6:15

我昆弟行詐僞、
아곤제행사위

如溪之竭、
여계지갈

如澗之涸、
여간지학

욥6:16

初因凝冰而闇、
초인응빙이암

雪藏其中、
설장기중

욥6:17

至暖則消、
지난칙소

旣暑則乾、
기서칙건

욥6:18

沿溪而行之旅、
연 계 이 행 지 려

迂道入野而死、
우 도 입 야 이 사

욥6:19

提瑪之行旅望之、
제 마 지 행 려 망 지

示巴之羣侶企之、
시 파 지 군 려 기 지

욥6:20

失所望則抱愧、
실 소 망 칙 포 괴

至其地則蒙羞、
지 기 지 칙 몽 수

욥6:21

爾曹亦然、
이 조 역 연

見彼威烈、
견 피 위 렬

則恐懼焉、
칙 공 구 언

욥6:22

我豈云供我、
아 기 운 공 아

或以物餽我、
혹 이 물 궤 아

욥 6:23

豈云援我於敵手、
기 운 원 아 어 적 수

贖我於虐人、
속 아 어 학 인

욥 6:24

請爾訓誨、
청 이 훈 회

我則緘口、
아 칙 함 구

且使我知、
차 사 아 지

何事有過、
하 사 유 과

욥 6:25

正言之力何其大、
정 언 지 력 하 기 대

惟爾之譴、
유 이 지 견

何所譴耶、
하 소 견 야

욥 6:26

爾欲譴言詞乎、
이 욕 견 언 사 호

不知絕望之人、
불 지 절 망 지 인

其論如風、
기 론 여 풍

욥6:27

爾欲爲孤子而探鬮、
이 욕 위 고 자 이 탐 구

以友朋爲貿易、
이 우 붕 위 무 역

욥6:28

請爾觀我、
청 이 관 아

必不覿面言誑、
필 불 적 면 언 광

욥6:29

請爾轉意、
청 이 전 의

勿爲不義、
물 위 불 의

其復轉意、
기 복 전 의

我事乃義、
아 사 내 의

욥6:30

我舌有不義乎、
아 설 유 불 의 호

我口不辨邪惡乎、
아 구 불 변 사 악 호

約伯記 第七章
약 백 기 제 칠 장

욥7:1

人在於世、
인 재 어 세

無戰爭乎、
무 전 쟁 호

其日不猶傭人之日
기 일 불 유 용 인 지 일

乎、
호

욥7:2

奴冀昏暮、
노 기 혼 모

傭望工值、
용 망 공 치

욥7:3

我受累月之苦、
아 수 루 월 지 고

亦若是、
역 약 시

辛勞之夜、
신 로 지 야

爲我而定、
위 아 이 정

욥 7:4

我寢則曰、
아 침 즉 왈

何時而興、
하 시 이 흥

而夜何時逝乎、
이 야 하 시 서 호

輾轉反側、
전 전 반 측

迄於平旦、
흘 어 평 단

욥 7:5

我體被蛆與土、
아 체 피 저 여 토

膚旣合而復裂、
부 기 합 이 복 렬

욥 7:6

我日速於梭、
아 일 속 어 사

消磨於無望、
소 마 어 무 망

욥 7:7

我命只在呼吸、
아 명 지 재 호 흡

爾其念之、
이 기 념 지

我目不復見福祉、
아 목 불 복 견 복 지

욥 7:8

觀者之目、
관 자 지 목

不復見我、
불 복 견 아

爾目視我、
이 목 시 아

我已烏有、
아 이 오 유

욥 7:9

如雲消散而沒、
여 운 소 산 이 몰

人入陰府、
인 입 음 부

亦不復返、
역 불 복 반

욥7:10

不再歸於其室、
불 재 귀 어 기 실

故土不復識之、
고 토 불 복 식 지

욥7:11

緣此、
연 차

我不自禁我口、
아 불 자 금 아 구

我神之痛必言之、
아 신 지 통 필 언 지

我心之苦必訴之、
아 심 지 고 필 소 지

욥7:12

我豈滄海、
아 기 창 해

豈鱷魚、
기 악 어

致爾防禦我乎、
치 이 방 어 아 호

욥7:13

如曰我牀必慰我、
여 왈 아 상 필 위 아

我榻必解我憂、
아 탑 필 해 아 우

욥 7:14

則爾以夢幻驚我、
칙 이 이 몽 환 경 아

以異象恐我、
이 이 상 공 아

욥 7:15

甚至我魂寧願氣閉死亡、
심 지 아 혼 녕 원 기 폐 사 망

愈於寄此骸骨、
유 어 기 차 해 골

욥 7:16

我厭生命、
아 염 생 명

不欲久存、
불 욕 구 존

我日空虛、
아 일 공 허

願勿顧我、
원 물 고 아

욥 7:17

世人維何、
세인유하

致爾大之、
치이대지

而注意焉、
이주의언

욥7:18

每晨臨之、
매신림지

每時試之、
매시시지

욥7:19

爾至何時、
이지하시

轉目不我顧、
전목불아고

待我咽津乎、
대아인진호

욥7:20

鑒察人者、
감찰인자

我即有罪、
아즉유죄

於爾何涉、
어이하섭

曷以我爲的、
갈 이 아 위 적

使我視己爲重負、
사 아 시 기 위 중 부

욥 7:21

何不赦我過、
하 불 사 아 과

宥我愆、
유 아 건

以我將臥於土、
이 아 장 와 어 토

爾勤求我、
이 근 구 아

已不在焉、
이 불 재 언

約伯記 第八章
약 백 기 제 팔 장

욥 8:1

書亞人比勒達曰、
서 아 인 비 륵 달 왈

욥 8:2

爾爲此言、
이 위 차 언

迄於何時、
흘 어 하 시

爾口之詞、
이 구 지 사

有若狂風、
유 약 광 풍

伊於胡底、
이 어 호 저

욥 8:3

祆上帝豈背乎公、
천 상 제 기 배 호 공

全能者豈戾乎義、
전 능 자 기 려 호 의

욥 8:4

如爾子女獲罪於彼、
여 이 자 녀 획 죄 어 피

致受其過之報、
치 수 기 과 지 보

욥 8:5

爾若勤求祆上帝、
이 약 근 구 천 상 제

祈於全能者、
기 어 전 능 자

욥 8:6

躬爲清潔正直、
궁 위 청 결 정 직

祆上帝必爲爾憬然、
천 상 제 필 위 이 경 연

俾爾公義之室振興、
비 이 공 의 지 실 진 흥

욥8:7

爾始雖微小、
이 시 수 미 소

終必昌熾、
종 필 창 치

욥8:89

我爲昨日之人、
아 위 작 일 지 인

罔有知識、
망 유 지 식

在世之日如影、
재 세 지 일 여 영

請爾詢於前代、
청 이 순 어 전 대

務厥祖所考驗、
무 궐 조 소 고 험

욥8:10

彼豈不訓告爾、
피 기 불 훈 고 이

以心內之言語爾乎、
이 심 내 지 언 어 이 호

욥8:11

葦無泥能生乎、
위 무 니 능 생 호

蒲無水能長乎、
포 무 수 능 장 호

욥8:12

尚青之時、
상 청 지 시

未經芟刈、
미 경 상 예

先百草而枯槁、
선 백 초 이 고 고

욥8:13

忘祆上帝者、
망 천 상 제 자

其徑亦如斯、
기 경 역 여 사

不虔敬者、
불 건 경 자

其望必泯滅、
기 망 필 민 멸

욥8:14

所恃者必斷折、
소 시 자 필 단 절

所賴者乃蛛網、
소 뢰 자 내 주 망

욥8:15
倚室而室不立、
의 실 이 실 불 립
扶室而室不存、
부 실 이 실 불 존

욥8:16
草受日光、
초 수 일 광
其色青葱、
기 색 청 총
蔓延圃外、
만 연 포 외

욥8:17
根繞壘、
근 요 루
深及石、
심 급 석

욥8:18
假令被除、
가 령 피 제
離乎其所、
리 호 기 소

其地則不識之、
기 지 칙 불 식 지

謂曰、
위 왈

未嘗見爾、
미 상 견 이

욥8:19

其途中之樂如此、
기 도 중 지 악 여 차

厥後他物自地而生、
궐 후 타 물 자 지 이 생

욥8:20

祆上帝不棄完人、
천 상 제 불 기 완 인

不扶惡人、
불 부 악 인

욥8:21

必以嬉笑充爾口、
필 이 희 소 충 이 구

歡呼滿爾脣、
환 호 만 이 순

욥8:22

憾爾者必蒙羞恥、
감 이 자 필 몽 수 치

行惡者其幕無存、
행악자기막무존

約伯記 第九章
약백기 제구장

욥 9:1

約伯曰、
약백왈

욥 9:2

我誠知其若是、
아성지기약시

但人於扶上帝前、
단인어천상제전

安能爲義、
안능위의

욥 9:3

若欲與辯、
약욕여변

千難答一、
천난답일

욥 9:4

其心明、
기심명

其力强、
기력강

自愎而敵之者、
자 퍅 이 적 지 자

孰能亨通、
숙 능 형 통

욥 9:5

彼發怒以傾山、
피 발 노 이 경 산

移山而山不覺、
이 산 이 산 불 각

욥 9:6

使地震而離所、
사 지 진 이 리 소

其柱動搖、
기 주 동 요

욥 9:7

命日則不出、
명 일 칙 불 출

封星則不見、
봉 성 칙 불 견

욥 9:8

獨張天宇、
독 장 천 우

履蹈海濤、
리 도 해 도

욥 9:9

造北斗參昴、
조 북 두 참 묘

及南方之宮、
급 남 방 지 궁

욥9:10

行大事不可測、
행 대 사 불 가 측

行奇事不勝數、
행 기 사 불 승 수

욥9:11

過我而我不見、
과 아 이 아 불 견

前行而我不覺、
전 행 이 아 불 각

욥9:12

彼取之、
피 취 지

誰能拒之、
수 능 거 지

孰問之曰、
숙 문 지 왈

爾何爲耶、
이 하 위 야

욥9:13

祆上帝不回厥怒、
천 상 제 불 회 궐 노

助拉哈伯者、
조 랍 합 백 자

屈伏於其下、
굴 복 어 기 하

욥9:14

況我何敢答之、
황 아 하 감 답 지

擇言與辯、
택 언 여 변

욥9:15

我雖爲義、
아 수 위 의

亦不敢答、
역 불 감 답

惟祈於鞫我者而已、
유 기 어 국 아 자 이 이

욥9:16

我若籲之而蒙允、
아 약 유 지 이 몽 윤

猶不信其聽我聲、
유 불 신 기 청 아 성

욥9:17

彼以暴風折我、
피 이 폭 풍 절 아

無故益我之傷、
무 고 익 아 지 상

욥9:18

不容我呼吸、
불 용 아 호 흡

以苦充我、
이 고 충 아

욥9:19

若論能力、
약 론 능 력

彼則云我在此、
피 즉 운 아 재 차

若言訊鞫、
약 언 신 국

彼則云誰定期、
피 즉 운 수 정 기

욥9:20

我雖爲義、
아 수 위 의

我口猶罪我、
아 구 유 죄 아

我雖純全、
아 수 순 전

我口猶證我背戾、
아 구 유 증 아 배 려

욥 9:21

我乃純全、
아 내 순 전

而不自顧、
이 불 자 고

厭我生命、
염 아 생 명

욥 9:22

事皆一致、
사 개 일 치

故曰完人惡人、
고 왈 완 인 악 인

俱爲祆上帝所滅、
구 위 천 상 제 소 멸

욥 9:23

如災忽行殺戮、
여 재 홀 행 살 륙

無辜者遘難、
무 고 자 구 난

彼必笑之、
피 필 소 지

욥 9:24

世界付於惡人之手、
세계부어악인지수

蒙蔽鞫者之面、
몽폐국자지면

爲之者、
위지자

非祆上帝而誰、
비천상제이수

욥 9:25

我日速於郵傳、
아일속어우전

趨而不見福祉、
추이불견복지

욥 9:26

日過如扁舟、
일과여편주

又如疾下攫物之鷹、
우여질하확물지응

욥 9:27

我若自謂、
아약자위

必忘我怨、
필망아원

去憂色、
거우색

爲歡容、
위 환 용

욥 9:28

則因我苦而懼、
칙 인 아 고 이 구

知爾不以我爲無辜、
지 이 불 이 아 위 무 고

욥 9:29

我必見罪、
아 필 견 죄

何猶徒勞、
하 유 도 로

욥 9:30

我卽以雪濯身、
아 즉 이 설 탁 신

以鹼潔手、
이 감 결 수

욥 9:31

爾必浸我於阬、
이 필 침 아 어 갱

我衣亦將厭我、
아 의 역 장 염 아

욥 9:32

彼非人與我等、
피 비 인 여 아 등

俾我應答、
비 아 응 답

與同赴審、
여 동 부 심

욥 9:33

其間無聽訟者、
기 간 무 청 송 자

措手於我兩造、
조 수 어 아 량 조

욥 9:34

願其杖離我、
원 기 장 리 아

其威烈不復怖我、
기 위 렬 불 복 포 아

욥 9:35

我則敢言、
아 칙 감 언

無所畏葸、
무 소 외 사

蓋我自覺非若彼也、
개 아 자 각 비 약 피 야

約伯記 第十章
약 백 기 제 십 장

욥 10:1

我心厭我生命、
아 심 염 아 생 명

將縱言我憂、
장 종 언 아 우

述我中心之苦、
술 아 중 심 지 고

욥 10:2

語祆上帝曰、
어 천 상 제 왈

毋擬我罪、
무 의 아 죄

示我何因、
시 아 하 인

與我爭辯、
여 아 쟁 변

욥 10:3

爾手所造、
이 수 소 조

則虐待之、
칙 학 대 지

輕視之、
경 시 지

惡人之謀、
악 인 지 모

則焜耀之、
즉 혼 요 지

爾豈以是爲善乎、
이 기 이 시 위 선 호

욥 10:4

爾豈肉眼、
이 기 육 안

鑒觀豈若世人、
감 관 기 약 세 인

욥 10:5

爾日豈如人之日、
이 일 기 여 인 지 일

爾年豈如人之年、
이 년 기 여 인 지 년

욥 10:6

致爾尋我愆、
치 이 심 아 건

察我罪、
찰 아 죄

욥 10:7

究之、
구 지

爾知我非惡人、
이 지 아 비 악 인

莫能援於爾手、
막 능 원 어 이 수

욥10:8

爾手造我、
이 수 조 아

甄陶成形、
견 도 성 형

乃欲滅我、
내 욕 멸 아

욥10:9

請爾記憶、
청 이 기 억

昔爾造我、
석 이 조 아

猶之合土、
유 지 합 토

今使我復歸塵埃乎、
금 사 아 복 귀 진 애 호

욥10:10

其時豈非傾我如乳、
기 시 기 비 경 아 여 유

凝我如酪、
응 아 여 락

욥10:11

衣我以皮肉、
의 아 이 피 육

維我以筋骨、
유 아 이 근 골

욥10:12

賜我生命、
사 아 생 명

加我恩寵、
가 아 은 총

眷佑我神、
권 우 아 신

욥10:13

然爾有意、
연 이 유 의

久蓄於衷、
구 축 어 충

我所知也、
아 소 지 야

욥10:14

我若干罪、
아 약 간 죄

爾則注目、
이 칙 주 목

必不赦我愆尤、
필 불 사 아 건 우

욥 10:15

我若行惡、
아 약 행 악

則有禍矣、
칙 유 화 의

我若爲義、
아 약 위 의

亦不昂首、
역 불 앙 수

愧恥盈懷、
괴 치 영 회

目擊我難、
목 격 아 난

욥 10:16

我若昂首、
아 약 앙 수

爾則獵我若獅、
이 칙 렵 아 약 사

顯奇異於我躬、
현 기 이 어 아 궁

욥 10:17

爾復立證攻我、
이 복 립 증 공 아

向我增怒、
향 아 증 노

如軍旅迭出以擊我、
여 군 려 질 출 이 격 아

욥10:18
胡爲出我於胎、
호 위 출 아 어 태
莫若氣絕、
막 약 기 절
無目見我、
무 목 견 아

욥10:19
則我雖有若無、
칙 아 수 유 약 무
出胎卽舁於墓、
출 태 즉 여 어 묘

욥10:20
我日非幾希乎、
아 일 비 기 희 호
請爾止而舍我、
청 이 지 이 사 아
俾我稍得慰藉、
비 아 초 득 위 자

욥10:21
在我往而不返之先、
재 아 왕 이 불 반 지 선

未至幽冥陰翳之地、
미 지 유 명 음 예 지 지

욥 10:22

其地昏黑幽冥、
기 지 혼 흑 유 명

陰翳混沌、
음 예 혼 돈

其光乃暗、
기 광 내 암

約伯記 第十一章
약 백 기 제 십 일 장

욥 11:1

拿瑪人瑣法曰、
나 마 인 쇄 법 왈

욥 11:2

言旣多、
언 기 다

豈可不答、
기 가 불 답

侈口者、
치 구 자

豈得稱義、
기 득 칭 의

욥 11:3

爾之誇詡、
이 지 과 후
豈能俾人緘口、
기 능 비 인 함 구
爾之姍笑、
이 지 산 소
豈不致愧、
기 불 치 괴

욥 11:4
爾曰我道純正、
이 왈 아 도 순 정
我在天上帝目中爲
아 재 천 상 제 목 중 위
潔、
결

욥 11:5
願天上帝發言、
원 천 상 제 발 언
啟口以攻爾、
계 구 이 공 이

욥 11:6
示爾以智慧之奧祕、
시 이 이 지 혜 지 오 비
蓋彼富有知識、
개 피 부 유 지 식

當知祆上帝罰爾、
당 지 천 상 제 벌 이

較之爾罪所應受者、
교 지 이 죄 소 응 수 자

猶爲少也、
유 위 소 야

욥 11:7

爾以考究、
이 이 고 구

可測度祆上帝乎、
가 측 도 천 상 제 호

爾能洞悉全能者乎、
이 능 동 실 전 능 자 호

욥 11:8

其智高於穹蒼、
기 지 고 어 궁 창

爾能何爲、
이 능 하 위

深於陰府、
심 어 음 부

爾有何知、
이 유 하 지

욥 11:9

其度寬於地、
기 도 관 어 지

闊於海、
활 어 해

욥 11:10

彼若經過、
피 약 경 과

執人而禁之、
집 인 이 금 지

集人而鞫之、
집 인 이 국 지

孰能禦焉、
숙 능 어 언

욥 11:11

蓋其洞悉虛妄之人、
개 기 동 실 허 망 지 인

明鑒罪惡、
명 감 죄 악

不待忖度、
불 대 촌 도

욥 11:12

世人空空無知、
세 인 공 공 무 지

生而等於野驢之子、
생 이 등 어 야 려 지 자

욥 11:13

爾若秉心正直、
이 약 병 심 정 직

向祆上帝舉手、
향 천 상 제 거 수

욥 11:14

有惡在手、
유 악 재 수

卽遠屛之、
즉 원 병 지

不容不義居於爾幕、
불 용 불 의 거 어 이 막

욥 11:15

則可仰面無愧、
칙 가 앙 면 무 괴

堅立不懼、
견 립 불 구

욥 11:16

必忘爾苦、
필 망 이 고

憶之如逝水、
억 지 여 서 수

욥 11:17

爾壽高朗、
이 수 고 랑

愈於日午、
유어일오

雖有幽暗、
수유유암

終如平旦、
종여평단

욥11:18

因有希冀、
인유희기

則帖然穩固、
칙첩연온고

四周覘望、
사주첨망

則坦然宴息、
칙탄연연식

욥11:19

爾可偃臥、
이가언와

恐爾者無人、
공이자무인

仰爾者維衆、
앙이자유중

욥11:20

惟彼惡人、
유피악인

其目必盲、
기 목 필 맹

逃避無地、
도 피 무 지

彼之所望、
피 지 소 망

在絕其生、
재 절 기 생

約伯記 第十二章
약 백 기 제 십 이 장

욥 12:1

約伯曰、
약 백 왈

욥 12:2

爾曹爲民、
이 조 위 민

無疑也、
무 의 야

智慧將與爾偕亡、
지 혜 장 여 이 해 망

욥 12:3

然我亦有聰明、
연 아 역 유 총 명

不亞於爾、
불 아 어 이

所言之事、
소 언 지 사

誰不知之、
수 불 지 지

욥 12:4

我籲祆上帝、
아 유 천 상 제

蒙其俞允、
몽 기 유 윤

而貽笑於鄰里、
이 이 소 어 린 리

義人完人、
의 인 완 인

乃爲笑柄、
내 위 소 병

욥 12:5

安居者中存輕視患難之意、
안 거 자 중 존 경 시 환 난 지 의

足蹪者則遇之、
족 지 자 칙 우 지

욥 12:6

寇賊之幕、
구 적 지 막

乃獲亨通、
내 획 형 통

以己手爲神、
이 기 수 위 신

激祆上帝怒者、
격 천 상 제 노 자

竟享穩固、
경 향 온 고

욥 12:7

試問走獸、
시 문 주 수

彼必訓爾、
피 필 훈 이

試問飛鳥、
시 문 비 조

亦必告爾、
역 필 고 이

욥 12:8

與地言之、
여 지 언 지

彼必誨爾、
피 필 회 이

海中鱗族、
해 중 린 족

亦必語爾、
역 필 어 이

욥 12:9

凡此、
범 차

誰不知乃耶和華所
수 불 지 내 야 화 화 소

爲、
위

욥 12:10

動物之生、
동 물 지 생

世人之氣、
세 인 지 기

悉在其手、
실 재 기 수

욥 12:11

耳豈非辨言、
이 기 비 변 언

如口之嘗食乎、
여 구 지 상 식 호

욥 12:12

年老者有智慧、
년 로 자 유 지 혜

壽高者有聰明、
수 고 자 유 총 명

욥12:13

在祆上帝有智慧能
재 천 상 제 유 지 혜 능

力、
력

亦有謀畧聰明、
역 유 모 략 총 명

욥12:14

毀之不得復建、
훼 지 불 득 복 건

錮人莫之能釋、
고 인 막 지 능 석

욥12:15

止水則水涸、
지 수 칙 수 학

出之則地淹、
출 지 칙 지 엄

욥12:16

在彼具能力、
재 피 구 능 력

有智慧、
유 지 혜

受惑與惑人者、
수 혹 여 혹 인 자

皆其所轄、
개 기 소 할

욥12:17

褫謀夫、
치 모 부

攜之去、
휴 지 거

使士師爲愚、
사 사 사 위 우

욥12:18

釋君王之所繫、
석 군 왕 지 소 계

轉以索繫其腰、
전 이 색 계 기 요

욥12:19

褫祭司、
치 제 사

攜之去、
휴 지 거

使强者傾覆、
사 강 자 경 복

욥12:20

廢忠誠者之才辯、
폐 충 성 자 지 재 변

奪年老者之知識、
탈 년 로 자 지 지 식

욥12:21

被王侯以羞恥、
피 왕 후 이 수 치

釋倔强者之帶、
석 굴 강 자 지 대

욥12:22

自暗中顯彼隱祕、
자 암 중 현 피 은 비

俾陰翳著於光明、
비 음 예 저 어 광 명

욥12:23

使列邦時興時滅、
사 열 방 시 흥 시 멸

或廓之、
혹 곽 지

或虜之、
혹 로 지

욥12:24

奪諸國民長之聰明、
탈 제 국 민 장 지 총 명

使其流離於無路之荒野、
사기류리어무로지황야

욥 12:25

若輩無光、
약배무광
暗中摸索、
암중모색
以致蹁躚若醉、
이치편선약취

約伯記 第十三章
약백기 제십삼장

욥 13:1

此皆我目擊之、
차개아목격지
我耳聞而悉之、
아이문이실지

욥 13:2

爾所知者、
이소지자
我亦知之、
아역지지
不亞於爾、
불아어이

욥 13:3

我誠欲與全能者言、
아 성 욕 여 전 능 자 언

與祆上帝辯、
여 천 상 제 변

욥 13:4

爾乃造妄言者、
이 내 조 망 언 자

俱爲無用之醫、
구 위 무 용 지 의

욥 13:5

願爾緘默無言、
원 이 함 묵 무 언

斯爲爾智、
사 위 이 지

욥 13:6

請聽我之分析、
청 청 아 지 분 석

聆我口訴、
령 아 구 소

욥 13:7

爾爲祆上帝出妄語、
이 위 천 상 제 출 망 어

言詭詞乎、
언 궤 사 호

욥 13:8

爾徇祆上帝之情、
이 순 천 상 제 지 정

爲之爭辯乎、
위 지 쟁 변 호

욥 13:9

祆上帝究爾、
천 상 제 구 이

豈爲美乎、
기 위 미 호

豈可欺祆上帝、
기 가 기 천 상 제

如人之欺人乎、
여 인 지 기 인 호

욥 13:10

爾若暗然徇情、
이 약 암 연 순 정

彼必譴爾、
피 필 견 이

욥 13:11

其尊榮不令爾畏乎、
기 존 영 불 령 이 외 호

其威烈不臨於爾乎、
기 위 렬 불 림 어 이 호

욥 13:12

爾之格言、
이 지 격 언

乃灰塵之格言、
내 회 진 지 격 언

爾之保障、
이 지 보 장

乃土壤之保障、
내 토 양 지 보 장

욥 13:13

爾其緘默、
이 기 함 묵

容我言之、
용 아 언 지

無論何遇、
무 론 하 우

我自當之、○
아 자 당 지

욥 13:14

我胡爲懸己肉於齒、
아 호 위 현 기 육 어 치

置己命於手乎、
치 기 명 어 수 호

욥 13:15

彼必殺我、
피 필 살 아

我無所望、
아 무 소 망

然必以我所行、
연 필 이 아 소 행

白於其前、
백 어 기 전

욥 13:16

不虔之人、
불 건 지 인

不得詣之、
불 득 예 지

此爲我得救之望也、
차 위 아 득 구 지 망 야

욥 13:17

願爾諦聽我言、
원 이 체 청 아 언

容我之詞、
용 아 지 사

入爾之耳、
입 이 지 이

욥 13:18

今我旣陳我事、
금 아 기 진 아 사

知己爲義、
지 기 위 의

욥13:19

誰與我辯、
수 여 아 변

有之、
유 지

我則緘默、
아 칙 함 묵

絕氣而亡、
절 기 이 망

욥13:20

惟有二事、
유 유 이 사

莫行於我、
막 행 어 아

則我不避爾面、
칙 아 불 피 이 면

욥13:21

即撤爾手離我、
즉 철 이 수 리 아

勿以威烈怖我、
물 이 위 렬 포 아

욥13:22

於是爾問我對、
어 시 이 문 아 대

抑我陳爾答、
억 아 진 이 답

욥 13:23

我愆我罪幾何、
아 건 아 죄 기 하

請以我之罪過示我、
청 이 아 지 죄 과 시 아

욥 13:24

爾何掩面、
이 하 엄 면

以我爲讐、
이 아 위 수

욥 13:25

爾豈迫風飄之落葉、
이 기 박 풍 표 지 락 엽

逐枯槁之草芥乎、
축 고 고 지 초 개 호

욥 13:26

乃錄苦事以懲我、
내 록 고 사 이 징 아

使任幼年之罪責、
사 임 유 년 지 죄 책

욥 13:27

爾桎我足、
이 질 아 족

察我蹊徑、
찰 아 혜 경

限我步履、
한 아 보 리

욥 13:28

我如已腐之物、
아 여 이 부 지 물

爲蠹所壞之衣、
위 두 소 괴 지 의

約伯記 第十四章
약 백 기 제 십 사 장

욥 14:1

由婦所生之人、
유 부 소 생 지 인

時日短促、
시 일 단 촉

憂苦充盈、
우 고 충 영

욥 14:2

其出如花、
기 출 여 화

而遭翦伐、
이 조 전 벌

如影之馳、
여 영 지 치

不得停留、
불 득 정 류

욥 14:3

若是者、
약 시 자

爾豈啟目視之、
이 기 계 목 시 지

俾我受鞫乎、
비 아 수 국 호

욥 14:4

孰能出潔者於不潔、
숙 능 출 결 자 어 불 결

無一能之、
무 일 능 지

욥 14:5

人之年日既定、
인 지 년 일 기 정

月數在爾、
월 수 재 이

爾爲之立限制、
이 위 지 립 한 제

不能踰越、
불 능 유 월

욥 14:6

請爾轉目不顧之、
청 이 전 목 불 고 지

俾得休息、
비 득 휴 식

如傭之畢其工、
여 용 지 필 기 공

욥 14:7

夫木被斫、
부 목 피 작

尙望復萌、
상 망 복 맹

柔枝生發不絶、
유 지 생 발 불 절

욥 14:8

其根雖老於土、
기 근 수 로 어 토

其榦亦槁於地、
기 간 역 고 어 지

욥 14:9

及得水氣、
급 득 수 기

必萌芽生枝、
필 맹 아 생 지

同於新植、
동 어 신 식

욥 14:10

惟人死而僵、
유 인 사 이 강

其氣旣絶、
기 기 기 절

則安在哉、
칙 안 재 재

욥 14:11

海水竭盡、
해 수 갈 진

河涸而乾、
하 학 이 건

욥 14:12

人亦如是、
인 역 여 시

寢而不興、
침 이 불 흥

迨天終盡、
태 천 종 진

無復覺寤、
무 복 각 오

長眠不起、
장 면 불 기

욥 14:13

願爾藏我於陰府、
원 이 장 아 어 음 부

匿我於隱處、
닉 아 어 은 처

俟爾怒息、
사 이 노 식

爲我定期、
위 아 정 기

而記念我、
이 기 념 아

욥 14:14

人死豈能復生乎、
인 사 기 능 복 생 호

我願忍此戰爭之日、
아 원 인 차 전 쟁 지 일

以待被釋、
이 대 피 석

욥 14:15

爾呼我應、
이 호 아 응

爾手所造、
이 수 소 조

必加顧惜、
필 가 고 석

욥 14:16

今爾數我步履、
금 이 수 아 보 리

察我罪辜、
찰 아 죄 고

욥14:17

囊封我過、
낭 봉 아 과

密縫我愆、
밀 봉 아 건

욥14:18

山崩而沒、
산 붕 이 몰

磐移其所、
반 이 기 소

욥14:19

水流剝石、
수 류 박 석

浪湧衝沙、
랑 용 충 사

爾絶人之望、
이 절 인 지 망

亦若是、
역 약 시

욥14:20

爾常勝人、
이상승인

使之逝世、
사지서세

改其容顏、
개기용안

遣之長往、
견지장왕

욥 14:21

其子尊榮、
기자존영

彼不之知、
피불지지

降爲卑賤、
강위비천

亦不之覺、
역불지각

욥 14:22

惟其身痛楚、
유기신통초

中心傷悲而已、
중심상비이이

約伯記 第十五章
약백기 제십오장

욥 15:1

提幔人以利法曰、
제 만 인 이 리 법 왈

욥 15:2

智者豈可以虛識爲
지 자 기 가 이 허 식 위

對、
대

以東風充懷乎、
이 동 풍 충 회 호

욥 15:3

豈可以無益之言、
기 가 이 무 익 지 언

無效之語而辯乎、
무 효 지 어 이 변 호

욥 15:4

爾乃廢人寅畏、
이 내 폐 인 인 외

阻人虔誠、
조 인 건 성

於祆上帝前、
어 천 상 제 전

욥 15:5

爾惡訓爾之口、
이 악 훈 이 지 구

爾擇譎者之舌、
이 택 휼 자 지 설

욥 15:6

罪爾者、
죄 이 자

非我也、
비 아 야

乃爾口也、
내 이 구 야

爾脣證爾之非、
이 순 증 이 지 비

욥 15:7

爾爲首生之人乎、
이 위 수 생 지 인 호

爾之受造、
이 지 수 조

先於山乎、
선 어 산 호

욥 15:8

祆上帝秘旨、
천 상 제 비 지

爾得聞乎、
이 득 문 호

智慧爾獨擅乎、
지 혜 이 독 천 호

욥15:9

爾何所知、
이 하 소 지

我儕不知耶、
아 제 불 지 야

爾何所明、
이 하 소 명

我儕不明耶、
아 제 불 명 야

욥15:10

我中有皓首者、
아 중 유 호 수 자

有高壽者、
유 고 수 자

較爾父尤長、
교 이 부 우 장

욥15:11

祆上帝之慰藉、
천 상 제 지 위 자

語爾之婉言、
어 이 지 완 언

爾視爲瑣屑乎、
이 시 위 쇄 설 호

욥15:12

爾心曷迫爾、
이 심 갈 박 이

爾目曷發赤、
이 목 갈 발 적

욥15:13

致爾專心逆祆上帝、
치 이 전 심 역 천 상 제

任口出言詞、
임 구 출 언 사

욥15:14

世人維何、
세 인 유 하

能爲潔乎、
능 위 결 호

婦所生者維何、
부 소 생 자 유 하

得稱義乎、
득 칭 의 호

욥15:15

夫祆上帝不恃其聖
부 천 상 제 불 시 기 성

者、
자

在其目中、
재 기 목 중

穹蒼猶爲不潔、
궁창유위불결

욥15:16
況汚穢可憎、
황오예가증
飮惡如水之人乎、
음악여수지인호

욥15:17
我將示爾、
아장시이
爾其聽之、
이기청지
我所見者、
아소견자
我必述之、
아필술지

욥15:18
卽哲人受於列祖、
즉철인수어열조
而不隱者也、
이불은자야

욥15:19
斯地獨賜於彼、
사지독사어피

且無外人經歷其間、
차 무 외 인 경 력 기 간

욥 15:20

其言曰、
기 언 왈

惡人終身勞苦、
악 인 종 신 로 고

一生之日、
일 생 지 일

卽爲强暴所積之年、
즉 위 강 폭 소 적 지 년

욥 15:21

驚駭之聲、
경 해 지 성

常聞於耳、
상 문 어 이

亨通之時、
형 통 지 시

殘賊臨之、
잔 적 림 지

욥 15:22

彼不信己可自幽暗而
피 불 신 기 가 자 유 암 이

返、
반

乃爲鋒刃所待、
내 위 봉 인 소 대

욥15:23

流離求食、
류 리 구 식

曰食何在、
왈 식 하 재

自知幽暗之日伊邇、
자 지 유 암 지 일 이 이

욥15:24

災難凄慘、
재 난 처 참

使之恐懼、
사 지 공 구

其勝之也、
기 승 지 야

有若備戰之王、
유 약 비 전 지 왕

욥15:25

因其擧手以攻祆上帝、
인 기 거 수 이 공 천 상 제

狂傲以敵全能者、
광 오 이 적 전 능 자

욥 15:26

彼强厥項、
피강궐항

以厚盾衝突之、
이후순충돌지

욥 15:27

其面豐腴、
기면풍유

其腰肥大、
기요비대

욥 15:28

居於荒涼之邑、
거어황량지읍

無人居處、
무인거처

將爲邱墟之第、
장위구허지제

욥 15:29

不得富有、
불득부유

其業不恆、
기업불긍

其物產不增盛於地、
기물산불증성어지

욥 15:30

彼不得出幽暗、
피 불 득 출 유 암

火灼其枝、
화 작 기 지

必亡於祆上帝之嘘
필 망 어 천 상 제 지 허

氣、
기

욥 15:31

彼勿恃虛僞以自欺、
피 물 시 허 위 이 자 기

蓋虛僞必爲其報、
개 허 위 필 위 기 보

욥 15:32

未及時而已成、
미 급 시 이 이 성

其枝不得復青、
기 지 불 득 복 청

욥 15:33

如葡萄果、
여 포 도 과

未稔而先落、
미 임 이 선 락

如橄欖花、
여 감 람 화

既開而卽謝、
기 개 이 즉 사

욥 15:34

不虔之輩、
불 건 지 배

必無果實、
필 무 과 실

貪賄之幕、
탐 회 지 막

必被焚燬、
필 피 분 훼

욥 15:35

彼惟孕慝生惡、
피 유 잉 특 생 악

心具詭譎、
심 구 궤 휼

約伯記 第十六章
약 백 기 제 십 륙 장

욥 16:1

約伯曰、
약 백 왈

욥 16:2

如斯之言、
여 사 지 언

我聞之屢矣、
아 문 지 루 의

爾之慰藉、
이 지 위 자

反增苦惱、
반 증 고 뇌

욥 16:3

虛誕之詞、
허 탄 지 사

有終極乎、
유 종 극 호

爾之應對、
이 지 응 대

何所激耶、
하 소 격 야

욥 16:4

我亦能言爾所言、
아 역 능 언 이 소 언

假使爾心處於我心之境、
가 사 이 심 처 어 아 심 지 경

我亦能輯詞責爾、
아 역 능 집 사 책 이

向爾搖首、
향 이 요 수

욥 16:5
然我必以口堅爾志、
연 아 필 이 구 견 이 지
以舌解爾憂、
이 설 해 이 우

욥 16:6
我雖言之、
아 수 언 지
我憂不解、
아 우 불 해
我若不言、
아 약 불 언
我憂其離我乎、
아 우 기 리 아 호

욥 16:7
祆上帝使我困憊、
천 상 제 사 아 곤 비
俾我親朋離逖、
비 아 친 붕 리 적

욥 16:8
爾拘執我、
이 구 집 아

以懲我罪、
이 징 아 죄
顣額之狀、
조 췌 지 상
面證我過、
면 증 아 과

욥 16:9

以怒破裂我、
이 노 파 렬 아
窘迫我、
군 박 아
向我切齒、
향 아 절 치
我敵拭目視我、
아 적 식 목 시 아

욥 16:10

彼衆向我張吻、
피 중 향 아 장 문
批頰辱我、
비 협 욕 아
集會攻我、
집 회 공 아

욥 16:11

祆上帝付我於不虔之
천 상 제 부 아 어 불 건 지

輩、
배

投我於惡人之手、
투 아 어 악 인 지 수

욥16:12

我素平康、
아 소 평 강

彼乃折我、
피 내 절 아

執我之頸、
집 아 지 경

擲而碎我、
척 이 쇄 아

以我爲的、
이 아 위 적

욥16:13

彼之射者環我、
피 지 사 자 환 아

剖我腎、
부 아 신

不施矜恤、
불 시 긍 휼

瀝我膽於地、
력 아 담 어 지

욥16:14

屢加毀壞、
루 가 훼 괴

有若勇士、
유 약 용 사

趨而攻我、
추 이 공 아

욥16:15

我縫麻布於我膚、
아 봉 마 포 어 아 부

汚我角於塵埃、
오 아 각 어 진 애

욥16:16

我面因泣而赤、
아 면 인 읍 이 적

目蒙陰翳、
목 몽 음 예

욥16:17

然我手無虐、
연 아 수 무 학

我禱維潔、
아 도 유 결

욥16:18

地歟、
지 여

勿掩我血、
물 엄 아 혈

勿止我籲、
물 지 아 유

욥 16:19

今我在天有爲證者、
금 아 재 천 유 위 증 자

在上有作保者、
재 상 유 작 보 자

욥 16:20

友朋姍笑、
우 붕 산 소

我目對祆上帝而流
아 목 대 천 상 제 이 류

涕、
체

욥 16:21

願祆上帝爲人辨寃於
원 천 상 제 위 인 변 원 어

其前、
기 전

並在人之鄰里中、
병 재 인 지 린 리 중

욥 16:22

蓋閱數載、
개 열 수 재

我必行不返之途矣、
아 필 행 불 반 지 도 의

約伯記 第十七章
약 백 기 제 십 칠 장

욥 17:1

我神已衰、
아 신 이 쇠

我日已盡、
아 일 이 진

邱墓已爲我備、
구 묘 이 위 아 비

욥 17:2

姍笑者偕我、
산 소 자 해 아

彼之激我、
피 지 격 아

我目恆覩之、
아 목 긍 도 지

욥 17:3

祈給一質、
기 급 일 질

自爲我保、
자 위 아 보

爾外、
이 외

誰與我拊掌乎、
수 여 아 부 장 호

욥 17:4

爾蔽其心、
이 폐 기 심

懵焉無智、
몽 언 무 지

故爾弗高擧之、
고 이 불 고 거 지

욥 17:5

凡控其友朋、
범 공 기 우 붕

以爲可刦者、
이 위 가 겁 자

其子之目必盲、
기 자 지 목 필 맹

욥 17:6

祆上帝使我爲民話
천 상 제 사 아 위 민 화

柄、
병

彼衆亦唾我面、
피 중 역 타 아 면

욥 17:7

我目因憂而眊、
아 목 인 우 이 모

肢體如影、
지 체 여 영

욥 17:8

正人因此駭異、
정 인 인 차 해 이

無辜者奮興、
무 고 자 분 흥

以攻不虔之人、
이 공 불 건 지 인

욥 17:9

然義人仍守厥道、
연 의 인 잉 수 궐 도

手潔者久而彌强、
수 결 자 구 이 미 강

욥 17:10

爾曹其復來、
이 조 기 복 래

我於爾中、
아 어 이 중

不得一哲人也、
불 득 일 철 인 야

욥 17:11

我日已逝、
아 일 이 서

我志所謀、
아 지 소 모

我心所願、
아 심 소 원

俱已絶矣、
구 이 절 의

욥 17:12

彼衆變夜爲晝、
피 중 변 야 위 주

謂光近暗、
위 광 근 암

욥 17:13

我若冀陰府爲室、
아 약 기 음 부 위 실

於幽暗下榻、
어 유 암 하 탑

욥 17:14

謂墓爲父、
위 묘 위 부

謂蟲爲母、
위 충 위 모

爲姊、
위 자

욥 17:15

則我所望安在、
칙 아 소 망 안 재

我所冀者、
아 소 기 자

其孰見之、
기 숙 견 지

욥 17:16

迨至安寢於土、
태 지 안 침 어 토

則所望者、
칙 소 망 자

下及陰府之楗而已、
하 급 음 부 지 건 이 이

約伯記 第十八章
약 백 기 제 십 팔 장

욥 18:1

書亞人比勒達曰、
서 아 인 비 륵 달 왈

욥 18:2

爾尋言詞、
이 심 언 사

何時而止、
하 시 이 지

爾其思之、
이 기 사 지

我則與言、
아 칙 여 언

욥 18:3

曷以我儕爲獸、
갈 이 아 제 위 수

目中視爲不潔、
목 중 시 위 불 결

욥 18:4

爾以忿怒破裂己身、
이 이 분 노 파 렬 기 신

豈得緣爾故、
기 득 연 이 고

大地見棄、
대 지 견 기

磐石移其所哉、
반 석 이 기 소 재

욥 18:5

夫惡人之光必滅、
부 악 인 지 광 필 멸

其焰不耀、
기 염 불 요

욥 18:6

其幕之光必暗、
기 막 지 광 필 암

其上之燈必熄、
기 상 지 등 필 식

욥 18:7

健壯之步履、
건 장 지 보 리

將見狹隘、
장 견 협 애

自設之計謀、
자 설 지 계 모

轉致傾覆、
전 치 경 복

욥 18:8

其足陷之於網羅、
기 족 함 지 어 망 라

自行於羈絆、
자 행 어 기 반

욥 18:9

樊籠拑其踵、
번 롱 겸 기 종

機檻拘其身、
기 함 구 기 신

욥 18:10

繩索爲之藏於土、
승 색 위 지 장 어 토

罟擭爲之設於途、
고 획 위 지 설 어 도

욥 18:11

威烈四起、
위 렬 사 기

使之驚惶、
사 지 경 황

追逐其後、
추 축 기 후

욥 18:12

其力因飢而衰、
기 력 인 기 이 쇠

禍患俟於其側、
화 환 사 어 기 측

욥 18:13

其肌膚被噬、
기 기 부 피 서

其肢體爲死亡之長子
기 지 체 위 사 망 지 장 자

所呑、
소 탄

욥 18:14

彼必見拔於所恃之
피 필 견 발 어 소 시 지
幕、
막
擕詣威烈之王、
휴 예 위 렬 지 왕

욥18:15
非彼所屬、
비 피 소 속
將居其幕、
장 거 기 막
硫磺播於其處、
류 광 파 어 기 처

욥18:16
其根槁於下、
기 근 고 어 하
其枝翦於上、
기 지 전 어 상

욥18:17
其誌必沒於寰宇、
기 지 필 몰 어 환 우
其名不傳於街衢、
기 명 불 전 어 가 구

욥18:18

將被驅逐、
장 피 구 축

自光入暗、
자 광 입 암

屛之出於世界、
병 지 출 어 세 계

욥 18:19

在其民中、
재 기 민 중

無子無孫、
무 자 무 손

於其居所、
어 기 거 소

靡有孑遺、
미 유 혈 유

욥 18:20

後人駭異其日、
후 인 해 이 기 일

如前人之恐惶、
여 전 인 지 공 황

욥 18:21

惡人之家、
악 인 지 가

誠如此、
성 여 차

不識祆上帝者之境
불식천상제자지경

遇、
우

亦如此、
역여차

約伯記 第十九章
약백기 제십구장

욥 19:1

約伯曰、
약백왈

욥 19:2

爾曹攪擾我心、
이조교요아심

以言摧折我躬、
이언최절아궁

將至何時、
장지하시

욥 19:3

爾斥責我十次、
이척책아십차

苦我而不自愧、
고아이불자괴

욥 19:4

設我有過、
설 아 유 과

其過我自任之、
기 과 아 자 임 지

욥 19:5

爾若向我誇大、
이 약 향 아 과 대

申明我恥、
신 명 아 치

욥 19:6

當知傾覆我、
당 지 경 복 아

網圍我、
망 위 아

乃祆上帝也、
내 천 상 제 야

욥 19:7

我呼屈抑、
아 호 굴 억

而不蒙垂聽、
이 불 몽 수 청

我求援助、
아 구 원 조

而不得公斷、
이 불 득 공 단

욥 19:8

彼樊我徑、
피 번 아 경

俾不得過、
비 불 득 과

置黑暗於我途、
치 흑 암 어 아 도

욥 19:9

褫我榮、
치 아 영

脫我冕、
탈 아 면

욥 19:10

四周毁我、
사 주 훼 아

我則逝矣、
아 칙 서 의

拔我冀望、
발 아 기 망

如拔樹然、
여 발 수 연

욥 19:11

向我奮怒、
향 아 분 노

視我爲敵、
시 아 위 적

욥 19:12

其軍偕至、
기 군 해 지

築路攻我、
축 로 공 아

列營以環我幕、
열 영 이 환 아 막

욥 19:13

使我兄弟乖離、
사 아 형 제 괴 리

相識疎遠、
상 식 소 원

욥 19:14

親戚絕我、
친 척 절 아

密友忘我、
밀 우 망 아

욥 19:15

家人婢女、
가 인 비 녀

以我爲外人、
이 아 위 외 인

視我爲異族、
시 아 위 이 족

욥 19:16

呼我僕而不應、
호 아 복 이 불 응

口求之而不答、
구 구 지 이 불 답

욥 19:17

我之氣味、
아 지 기 미

我妻以爲異、
아 처 이 위 이

我之祈求、
아 지 기 구

同胞亦怪之、
동 포 역 괴 지

욥 19:18

童穉藐我、
동 치 막 아

我若起立、
아 약 기 립

彼則譏訕、
피 칙 기 산

욥 19:19

契合之友乃憎我、
계 합 지 우 내 증 아

眷愛之人反攻我、
권 애 지 인 반 공 아

욥 19:20

我骨貼膚、
아 골 첩 부

所遺只此齒齦、
소 유 지 차 치 간

욥 19:21

我友朋歟、
아 우 붕 여

尚其矜我、
상 기 긍 아

矜我、
긍 아

因祆上帝之手、
인 천 상 제 지 수

加於我身也、
가 어 아 신 야

욥 19:22

何仿祆上帝迫我、
하 방 천 상 제 박 아

爾啖我肉、
이 담 아 육

猶未饜乎、
유미염호

욥 19:23

惟願我言見錄、
유원아언견록

我詞悉書於卷、
아사실서어권

욥 19:24

以鐵筆鐫之於石、
이철필전지어석

範之以鉛、
범지이연

俾可永存、
비가영존

욥 19:25

我知我之救者維生、
아지아지구자유생

終必立於地上、
종필립어지상

욥 19:26

我膚敗後、
아부패후

尚於形軀之外、
상어형구지외

得 覲 祆 上 帝、
득 근 천 상 제

욥 19:27

我 將 親 見 之、
아 장 친 견 지

目 覩 之、
목 도 지

非 外 人 見 之、
비 외 인 견 지

我 心 乃 消 於 中 矣、
아 심 내 소 어 중 의

욥 19:28

爾 若 謂 迫 之 宜 如 何、
이 약 위 박 지 의 여 하

其 事 之 根、
기 사 지 근

在 我 約 伯、
재 아 약 백

욥 19:29

則 爾 當 畏 刀 劍、
칙 이 당 외 도 검

蓋 忿 怒 干 刀 劍 之 刑、
개 분 노 간 도 검 지 형

使 爾 知 有 鞫 焉、
사 이 지 유 국 언

約伯記 第二十章
약백기 제이십장

욥20:1

拿瑪人瑣法曰、
나마인쇄법왈

욥20:2

我衷懷激烈、
아충회격렬

我心思迫我、
아심사박아

욥20:3

旣聞譴責、
기문견책

令我蒙羞、
령아몽수

我之慧心相應、
아지혜심상응

욥20:4

爾豈不知伊古以來、
이기불지이고이래

置人於世、
치인어세

욥20:5

作惡者誇勝不長久、
작악자과승불장구

不虔者喜樂祇俄頃、
불 건 자 희 악 기 아 경

욥 20:6

其尊雖薄天、
기 존 수 박 천

其首雖及雲、
기 수 수 급 운

욥 20:7

終必永亡、
종 필 영 망

同於己糞、
동 어 기 분

素見之者、
소 견 지 자

將曰其人安在、
장 왈 기 인 안 재

욥 20:8

彼必飛逝如夢、
피 필 비 서 여 몽

尋之不得、
심 지 불 득

被逐若夜間之異象、
피 축 약 야 간 지 이 상

욥 20:9

見之之日、
견 지 지 일

不再見之、
불 재 견 지

其所不復覩之、
기 소 불 복 도 지

욥20:10

其子必丐恩於貧者、
기 자 필 개 은 어 빈 자

所得之財、
소 득 지 재

手自償之、
수 자 상 지

욥20:11

其骨壯如青年、
기 골 장 여 청 년

必與之同臥於土、
필 여 지 동 와 어 토

욥20:12

邪慝雖甘於口中、
사 특 수 감 어 구 중

藏於舌底、
장 어 설 저

욥20:13

愛戀不舍、
애 련 불 사

久含於口、
구 함 어 구

욥 20:14

其食至腹則變、
기 식 지 복 칙 변

成爲虺膽於中、
성 위 훼 담 어 중

욥 20:15

彼呑貨財、
피 탄 화 재

必吐之、
필 토 지

祆上帝使之出於其
천 상 제 사 지 출 어 기

腹、
복

욥 20:16

必吸虺之毒、
필 흡 훼 지 독

蝮舌必殺之、
복 설 필 살 지

욥 20:17

流蜜與乳之河、
류 밀 여 유 지 하

彼不得見、
피 불 득 견

욥20:18

勞力所獲、
로 력 소 획

必償還之、
필 상 환 지

不得呑之、
불 득 탄 지

所獲之財、
소 획 지 재

不得因之而樂、
불 득 인 지 이 악

욥20:19

蓋彼虐遇貧民、
개 피 학 우 빈 민

而遺棄之、
이 유 기 지

强據第宅、
강 거 제 댁

不得建立、
불 득 건 립

욥20:20

以其中心無厭、
이 기 중 심 무 염

故所悅者、
고 소 열 자

無一存留、
무 일 존 류

욥20:21

所遺無不吞噬、
소 유 무 불 탄 서

故其昌盛弗久、
고 기 창 성 불 구

욥20:22

當富有充裕時、
당 부 유 충 유 시

必遭艱窘、
필 조 간 군

困苦之人、
곤 고 지 인

咸加手於其身、
함 가 수 어 기 신

욥20:23

彼將果腹、
피 장 과 복

祆上帝降以烈怒、
천 상 제 강 이 렬 노

食時雨於厥躬、
식 시 우 어 궐 궁

욥20:24

逃避鐵器、
도 피 철 기

銅弓發矢穿之、
동 궁 발 시 천 지

욥20:25

自拔而出之、
자 발 이 출 지

光明之鏃、
광 명 지 족

離乎其膽、
리 호 기 담

而威烈臨焉、
이 위 렬 림 언

욥20:26

凡諸幽暗、
범 제 유 암

爲其財寶而集、
위 기 재 보 이 집

非人所燃之火、
비 인 소 연 지 화

必焚其身、
필 분 기 신

滅其幕中所遺、
멸기막중소유

욥20:27

天必彰其罪、
천필창기죄

地起而攻之、
지기이공지

욥20:28

其家產過而不留、
기가산과이불류

消亡於祆上帝震怒之日、
소망어천상제진노지일

욥20:29

此乃惡人由祆上帝所得之分、
차내악인유천상제소득지분

祆上帝爲彼所定之業、
천상제위피소정지업

約伯記 第二十一章
약백기 제이십일장

욥21:1

約伯曰、
약 백 왈

욥21:2

爾且諦聽我言、
이 차 제 청 아 언

乃爾相慰之事、
내 이 상 위 지 사

욥21:3

請容我亦言之、
청 용 아 역 언 지

後加姍笑可也、
후 가 산 소 가 야

욥21:4

我訴寃抑、
아 소 원 억

豈向人乎、
기 향 인 호

何爲不焦急乎、
하 위 불 초 급 호

욥21:5

爾其注意於我、
이 기 주 의 어 아

必將駭異、
필 장 해 이

以手掩口、
이 수 엄 구

욥 21:6

每有思憶、
매 유 사 억

我則煩擾、
아 칙 번 요

遍體戰慄、
편 체 전 률

욥 21:7

惡人何以生存、
악 인 하 이 생 존

享壽、
향 수

勢力烜赫、
세 력 훤 혁

욥 21:8

目覩子孫與之偕立、
목 도 자 손 여 지 해 립

後嗣在其目前、
후 사 재 기 목 전

욥 21:9

其家平康、
기 가 평 강

無所畏懼、
우 소 외 구

祆上帝之杖、
천 상 제 지 장

不加其身、
불 가 기 신

욥21:10

牡牛孳息、
모 우 자 식

靡有斷絕、
미 유 단 절

牝牛產犢、
빈 우 산 독

亦不墮胎、
역 불 타 태

욥21:11

孩童出則成羣、
해 동 출 칙 성 군

子女舞蹈、
자 녀 무 도

욥21:12

和琴鼓而謳歌、
화 금 고 이 구 가

聽簫聲而歡樂、
청 소 성 이 환 악

욥21:13

度日亨通、
도 일 형 통

俄頃下於陰府、
아 경 하 어 음 부

욥21:14

若輩對祆上帝曰、
약 배 대 천 상 제 왈

爾其去我、
이 기 거 아

我不願知爾道、
아 불 원 지 이 도

욥21:15

全能者誰、
전 능 자 수

致我事之、
치 아 사 지

祈之有何益乎、
기 지 유 하 익 호

욥21:16

然其福非在己手、
연 기 복 비 재 기 수

惡人所謀、
악 인 소 모

我乃遠之、
아 내 원 지

욥21:17

其燈見滅、
기 등 견 멸

其禍猝來、
기 화 졸 래

祆上帝赫怒、
천 상 제 혁 노

加以困苦、
가 이 곤 고

욥21:18

彼若飄於風前之草芥、
피 약 표 어 풍 전 지 초 개

狂飈吹散之秕糠、
광 표 취 산 지 비 강

何嘗有是事哉、
하 상 유 시 사 재

욥21:19

爾曰、
이 왈

祆上帝積其惡、
천 상 제 적 기 악

罰其嗣、
벌기사

然何不報於其身、
연하불보어기신

使自知之、
사자지지

욥21:20

俾目覩其敗亡、
비목도기패망

親飮全能者之忿怒、
친음전능자지분노

욥21:21

其月數旣盡、
기월수기진

奚慮其家室、
해려기가실

욥21:22

祇上帝旣鞫居高者、
지상제기국거고자

有人能以知識敎之
유인능이지식교지

乎、
호

욥21:23

有人至死、
유 인 지 사

身軀壯健、
신 구 장 건

無不平康安逸、
무 불 평 강 안 일

욥 21:24

胸鬲脂充、
흉 격 지 충

骸骨髓潤、
해 골 수 윤

욥 21:25

又有至死、
우 유 지 사

心懷困苦、
심 회 곤 고

未嘗享福、
미 상 향 복

욥 21:26

要皆偃臥土中、
요 개 언 와 토 중

爲蛆所覆、
위 저 소 복

욥 21:27

我知爾意、
아 지 이 의

與爾所以枉我之謀、
여 이 소 이 왕 아 지 모

욥21:28

爾曰、
이 왈

霸者之室家安在、
패 자 지 실 가 안 재

惡人之居幕奚存、
악 인 지 거 막 해 존

욥21:29

爾未詢行路之人乎、
이 미 순 행 로 지 인 호

不知其引證乎、
불 지 기 인 증 호

욥21:30

卽惡人於患難之日獲
즉 악 인 어 환 난 지 일 획

免、
면

在震怒之時得脫、
재 진 노 지 시 득 탈

욥21:31

彼之所行、
피지소행

孰面語之、
숙면어지

彼之所作、
피지소작

誰能報之、
수능보지

욥21:32

雖然、
수연

至終被舁於墓、
지종피여어묘

人守其陵、
인수기릉

욥21:33

彼以幽谷之塊爲甘、
피이유곡지괴위감

先之往者無數、
선지왕자무수

從其後者甚繁、
종기후자심번

욥21:34

如是、
여시

爾之應答既謬、
이 지 응 답 기 류

何爲徒慰我乎、
하 위 도 위 아 호

約伯記 第二十二章
약 백 기 제 이 십 이 장

욥 22:1

提幔人以利法曰、
제 만 인 이 리 법 왈

욥 22:2

世人豈能益祆上帝
세 인 기 능 익 천 상 제

乎、
호

智者祇益己耳、
지 자 기 익 기 이

욥 22:3

爾爲公義、
이 위 공 의

豈全能者之樂乎、
기 전 능 자 지 악 호

爾行完全、
이 행 완 전

豈爲其利乎、
기 위 기 리 호

욥 22:4

彼之責爾鞫爾、
피 지 책 이 국 이

豈因爾敬虔乎、
기 인 이 경 건 호

욥 22:5

爾之惡、
이 지 악

豈非大乎、
기 비 대 호

爾之過、
이 지 과

乃無窮也、
내 무 궁 야

욥 22:6

蓋爾無故、
개 이 무 고

取同儕之質、
취 동 제 지 질

剝貧寒之衣、
박 빈 한 지 의

욥 22:7

憊者不飲以水、
비 자 불 음 이 수

飢者不給以食、
기 자 불 급 이 식

욥 22:8

强者得土、
강 자 득 토

尊者居之、
존 자 거 지

욥 22:9

爾使嫠婦徒返、
이 사 리 부 도 반

孤子折肱、
고 자 절 굉

욥 22:10

是以機檻環爾、
시 이 기 함 환 이

恐懼猝臨擾爾、
공 구 졸 림 요 이

욥 22:11

幽暗蔽爾目、
유 암 폐 이 목

洪水沒爾身、
홍 수 몰 이 신

욥 22:12

祆上帝豈非在高天
천 상 제 기 비 재 고 천

乎、
호

星辰之所、
성진지소

何其高耶、
하기고야

욥22:13

爾則曰、
이즉왈

祆上帝何知、
천상제하지

豈能自幽深之中行鞫
기능자유심지중행국

哉、
재

욥22:14

密雲蔽之、
밀운폐지

使不得見、
사불득견

彼第遊行於穹蒼耳、
피제유행어궁창이

욥22:15

爾豈欲循古昔之道、
이기욕순고석지도

惡人所履者乎、
악 인 소 리 자 호

욥22:16
彼未及期而見奪、
피 미 급 기 이 견 탈
其基被衝若溪流、
기 기 피 충 약 계 류

욥22:17
彼謂祆上帝曰、
피 위 천 상 제 왈
爾其去我、
이 기 거 아
全能者能爲我何爲、
전 능 자 능 위 아 하 위

욥22:18
然祆上帝以嘉物充其
연 천 상 제 이 가 물 충 기
室、
실
惡人所謀、
악 인 소 모
我乃遠之、
아 내 원 지

욥22:19

義人見其果報則喜、
의 인 견 기 과 보 칙 희

無辜者姍笑之、
무 고 자 산 소 지

욥 22:20

曰、
왈

起而敵我者見絕、
기 이 적 아 자 견 절

其餘爲火所焚、
기 여 위 화 소 분

욥 22:21

當識天上帝、
당 식 천 상 제

而得平康、
이 득 평 강

福祉則必臨爾、
복 지 칙 필 림 이

욥 22:22

謂受其口之訓、
위 수 기 구 지 훈

存其言於心、
존 기 언 어 심

욥 22:23

爾若歸向全能者、
이 약 귀 향 전 능 자

除爾幕中之不義、
제 이 막 중 지 불 의

必得建立、
필 득 건 립

욥 22:24

爾其擲礦金於塵埃、
이 기 척 광 금 어 진 애

擲俄斐之金於澗石、
척 아 비 지 금 어 간 석

욥 22:25

則全能者爲爾礦金、
칙 전 능 자 위 이 광 금

爲爾寶銀、
위 이 보 은

욥 22:26

爾必以全能者爲悅、
이 필 이 전 능 자 위 열

仰面於祆上帝前、
앙 면 어 천 상 제 전

욥 22:27

爾所禱之、
이 기 도 지

彼必垂聽、
피필수청

償爾所願、
상이소원

욥22:28

所志必成、
소지필성

光照爾途、
광조이도

욥22:29

爾見卑降、
이견비강

仍謂必得高升、
잉위필득고승

謙遜之人、
겸손지인

天上帝必救援之、
천상제필구원지

욥22:30

卽有罪之人、
즉유죄지인

天上帝亦拯之、
천상제역증지

彼因爾手之潔、
피인이수지결

必蒙救濟、
필몽구제

約伯記 第二十三章
약백기 제이십삼장

욥 23:1
約伯曰、
약백왈

욥 23:2
今我之愬、
금아지소
謂爲悖逆、
위위패역
而所受之譴責、
이소수지견책
甚於我之呻吟、
심어아지신음

욥 23:3
深願知於何處尋之、
심원지어하처심지
詣乎其位、
예호기위

욥 23:4
以我之獄、
이아지옥

陳於其前、
진 어 기 전

辨白之詞、
변 백 지 사

充乎我口、
충 호 아 구

욥 23:5

必得知其所答、
필 득 지 기 소 답

悉其所言、
실 기 소 언

욥 23:6

彼豈以其大能與我爭
피 기 이 기 대 능 여 아 쟁

乎、
호

非也、
비 야

必俞允我、
필 유 윤 아

욥 23:7

在彼、
재 피

正人可與之辯、
정 인 가 여 지 변

則我得永脫於鞫者、
즉 아 득 영 탈 어 국 자

욥 23:8

我行於前、
아 행 어 전

彼不在焉、
피 불 재 언

我退於後、
아 퇴 어 후

亦不見之、
역 불 견 지

욥 23:9

彼造作於左、
피 조 작 어 좌

我不能覩、
아 불 능 도

彼隱匿於右、
피 은 닉 어 우

我不克覯、
아 불 극 구

욥 23:10

惟彼知我行徑、
유 피 지 아 행 경

既經試鍊、
기 경 시 련

我必出如精金、
아 필 출 여 정 금

욥23:11
我足謹履其步武、
아 족 근 리 기 보 무
我守其道而不離、
아 수 기 도 이 불 리

욥23:12
其脣所出之命、
기 순 소 출 지 명
我未遺棄、
아 미 유 기
保存其口之言、
보 존 기 구 지 언
重於所需之食、
중 어 소 수 지 식

욥23:13
惟其志維一、
유 기 지 유 일
誰能易之、
수 능 역 지
其心所欲、
기 심 소 욕
則必行之、
칙 필 행 지

욥23:14

爲我所定、
위 아 소 정

彼必成之、
피 필 성 지

如是之事、
여 시 지 사

彼多有之、
피 다 유 지

욥23:15

故我在其前而驚惶、
고 아 재 기 전 이 경 황

思之則恐懼、
사 지 칙 공 구

욥23:16

祆上帝使我心頹敗、
천 상 제 사 아 심 퇴 패

全能者使我驚駭、
전 능 자 사 아 경 해

욥23:17

我之恐懼、
아 지 공 구

非因幽暗、
비 인 유 암

非因昏黑蔽我面也、
비인혼흑폐아면야

約伯記 第二十四章
약백기 제이십사장

욥 24:1
全能者既定鞫期、
전능자기정국기
識之者何不見其日乎、
식지자하불견기일호

욥 24:2
有人遷移地界、
유인천이지계
奪羣畜而牧之、
탈군축이목지

욥 24:3
驅孤子之驢、
구고자지려
取嫠婦之牛爲質、
취리부지우위질

욥 24:4
使貧者避道、
사빈자피도

世間窮民、
세간궁민

盡皆藏匿、
진개장닉

욥 24:5

彼等有若野驢、
피등유약야려

出而操作、
출이조작

亟於覓食、
극어멱식

廣漠之地、
광막지지

給食其子、
급식기자

욥 24:6

各於田間、
각어전간

刈其野穀、
예기야곡

摘惡人所遺之葡萄、
적악인소유지포도

욥 24:7

夜間露體而偃臥、
야간로체이언와

寒時無衣以蔽身、
한 시 무 의 이 폐 신

욥24:8

爲山雨所淋、
위 산 우 소 림

因無避所、
인 무 피 소

棲身磐石、
서 신 반 석

욥24:9

又有奪孤子於母懷、
우 유 탈 고 자 어 모 회

取窮人所服者爲質、
취 궁 인 소 복 자 위 질

욥24:10

使之無衣、
사 지 무 의

裸體遊行、
라 체 유 행

枵腹而負禾束、
효 복 이 부 화 속

욥24:11

造油於其人之院、
조 유 어 기 인 지 원

踐酒於其醉、
천 주 어 기 자

而已則燥渴、
이 기 칙 조 갈

욥24:12

大邑之人歎息、
대 읍 지 인 탄 식

傷者之心悲哀、
상 자 지 심 비 애

惟此殘暴、
유 차 잔 폭

祆上帝弗之顧也、
천 상 제 불 지 고 야

욥24:13

復有人背棄光明、
복 유 인 배 기 광 명

不知其道、
불 지 기 도

不由其路、
불 유 기 로

욥24:14

殺人者黎明卽起、
살 인 자 려 명 즉 기

殺困苦、
살 곤 고

戮貧乏、
륙 빈 핍

夜則爲盜、
야 칙 위 도

욥24:15

行淫者目俟昏暮、
행 음 자 목 사 혼 모

自蔽其面、
자 폐 기 면

曰、
왈

無目見我、
무 목 견 아

욥24:16

行竊者昏夜穿屋、
행 절 자 혼 야 천 옥

旦晝匿跡、
단 주 닉 적

不識光明、
불 식 광 명

욥24:17

若輩視平旦如幽暗、
약 배 시 평 단 여 유 암

因知幽暗之可懼也、
인 지 유 암 지 가 구 야

욥24:18

爾曰、
이 왈

惡人速亡、
악 인 속 망

如物泛水、
여 물 범 수

其業見詛於地、
기 업 견 저 어 지

不得復入其葡萄園、
불 득 복 입 기 포 도 원

욥24:19

亢旱酷熱、
항 한 혹 열

消沒雪水、
소 몰 설 수

陰府消沒罪人、
음 부 소 몰 죄 인

욥24:20

其胎忘之、
기 태 망 지

蛆蟲食而甘之、
저 충 식 이 감 지

不復見憶、
불 복 견 억

不義之人、
불 의 지 인

如樹被折、
여 수 피 절

욥24:21

彼乃呑滅不育之婦、
피 내 탄 멸 불 육 지 부

惡待嫠孀、
악 대 추 상

욥24:22

然袛上帝以其能力、
연 천 상 제 이 기 능 력

保存强者、
보 존 강 자

生活無望之人、
생 활 무 망 지 인

使之興起、
사 지 흥 기

욥24:23

賜以安居、
사 이 안 거

俾得平康、
비 득 평 강

目眷其途、
목 권 기 도

욥 24:24

彼被高擧、
피 피 고 거

未幾而逝、
미 기 이 서

卑降見移、
비 강 견 이

與衆無殊、
여 중 무 수

有若穀穗被刈、
유 약 곡 수 피 예

욥 24:25

如其不然、
여 기 불 연

誰證我乃言誑、
수 증 아 내 언 광

辯我詞爲虛乎、
변 아 사 위 허 호

約伯記 第二十五章
약 백 기 제 이 십 오 장

욥 25:1

書亞人比勒達曰、
서 아 인 비 륵 달 왈

욥 25:2

權能威嚴、
권능위엄
兼在天上帝、
겸재천상제
彼施和平、
피시화평
於其高處、
어기고처

욥25:3
其軍豈有數乎、
기군기유수호
其光孰不照乎、
기광숙불조호

욥25:4
世人於天上帝前、
세인어천상제전
何能爲義、
하능위의
婦所生者、
부소생자
何能爲潔、
하능위결

욥25:5
在其目中、
재기목중

月無光耀、
월무광요

星不清潔、
성불청결

욥25:6

況如蛆之世人、
황여저지세인

如蟲之人子乎、
여충지인자호

約伯記 第二十六章
약백기 제이십육장

욥26:1

約伯曰、
약백왈

욥26:2

無力者、
무력자

爾若何助之、
이약하조지

弱臂者、
약비자

爾若何救之、
이약하구지

욥26:3

無知者、
무 지 자

爾若何啟迪之、
이 약 하 계 적 지

大顯實智、
대 현 실 지

욥 26:4

爾向誰而言、
이 향 수 이 언

誰之神自爾而出、
수 지 신 자 이 이 출

욥 26:5

在大水及水族之下、
재 대 수 급 수 족 지 하

幽魂戰慄、
유 혼 전 률

욥 26:6

於祆上帝前、
어 천 상 제 전

陰府顯露、
음 부 현 로

死域無蔽、
사 역 무 폐

욥 26:7

有北極於淸虛、
유 북 극 어 청 허

懸大地於空際、
현 대 지 어 공 제

욥 26:8

涵水於密雲、
함 수 어 밀 운

而雲不裂、
이 운 불 렬

욥 26:9

障蔽厥位、
장 폐 궐 위

布雲其上、
포 운 기 상

욥 26:10

劃界於水面、
획 계 어 수 면

至明暗之境、
지 명 암 지 경

욥 26:11

因其叱咤、
인 기 질

天柱震驚、
천 주 진 경

욥 26:12

以其能平靜滄海、
이 기 능 평 정 창 해

以其智擊破波濤、
이 기 지 격 파 파 도

욥26:13

以其神妝飾碧落、
이 기 신 장 식 벽 락

以其手刺殺飛龍、
이 기 수 자 살 비 룡

욥26:14

此其工作之末、
차 기 공 작 지 말

我所聞之聲響、
아 소 문 지 성 향

何其微小、
하 기 미 소

至有力之雷霆、
지 유 력 지 뢰 정

又孰能測之、
우 숙 능 측 지

約伯記 第二十七章
약 백 기 제 이 십 칠 장

욥27:1

約伯續申其詞曰、
약 백 속 신 기 사 왈

욥 27:2

祆上帝奪我理、
천 상 제 탈 아 리

全能者苦我魂、
전 능 자 고 아 혼

我指其生而誓、
아 지 기 생 이 서

욥 27:3

我命尚在於中、
아 명 상 재 어 중

祆上帝之氣、
천 상 제 지 기

仍在我鼻、
잉 재 아 비

욥 27:4

我口决不言非義、
아 구 결 불 언 비 의

我舌亦不道詭譎、
아 설 역 불 도 궤 휼

욥 27:5

我斷不以爾爲是、
아 단 불 이 이 위 시

至死不去我正、
지 사 불 거 아 정

욥 27:6

持守我義而弗失、
지 수 아 의 이 불 실

我心畢生不我責、
아 심 필 생 불 아 책

욥 27:7

願我敵同於惡人、
원 아 적 동 어 악 인

起而攻我者、
기 이 공 아 자

同於不義之人、
동 어 불 의 지 인

욥 27:8

不虔之輩、
불 건 지 배

雖得貨利、
수 득 화 리

祆上帝奪取其魂、
천 상 제 탈 취 기 혼

尚有何望、
상 유 하 망

욥 27:9

患難臨之、
환 난 림 지

祆上帝豈聽其籲乎、
천 상 제 기 청 기 유 호

욥27:10

彼豈以全能者爲悅、
피 기 이 전 능 자 위 열

恆禱祆上帝乎、
긍 도 천 상 제 호

욥27:11

祆上帝之作爲、
천 상 제 지 작 위

我將示爾、
아 장 시 이

全能者之道、
전 능 자 지 도

我不隱之、
아 불 은 지

욥27:12

爾皆見此、
이 개 견 차

何故成爲虛妄、
하 고 성 위 허 망

욥27:13

惡人由祆上帝所受之
악 인 유 천 상 제 소 수 지

分、
분

強暴者由全能者所得
강폭자유전능자소득
之業、
지업

욥27:14

卽其子孫若繁、
즉기자손약번
乃爲鋒刃、
내위봉인
後裔不得飽食、
후예불득포식

욥27:15

其所遺者、
기소유자
必死而葬、
필사이장
嫠婦亦不擧哀、
리부역불거애

욥27:16

彼雖積金如塵、
피수적금여진
備衣如土、
비의여토

욥27:17

然彼備之、
연 피 비 지

而義人衣之、
이 의 인 의 지

無辜者分其金、
무 고 자 분 기 금

욥 27:18

其築室也、
기 축 실 야

如蟲作窩、
여 충 작 와

如守望者構廬、
여 수 망 자 구 려

욥 27:19

彼富而臥、
피 부 이 와

不得殯殮、
불 득 빈 렴

轉瞬之間、
전 순 지 간

已歸烏有、
이 귀 오 유

욥 27:20

威烈如波濤及之、
위 렬 여 파 도 급 지

狂飈於夜間刼之、
광 표 어 야 간 겁 지

욥 27:21

東風飄之長往、
동 풍 표 지 장 왕

暴風吹之離所、
폭 풍 취 지 리 소

욥 27:22

祆上帝射之、
천 상 제 사 지

不施矜恤、
불 시 긍 휼

欲逃其手而不得、
욕 도 기 수 이 불 득

욥 27:23

人向之鼓掌、
인 향 지 고 장

叱之離所、
질 지 리 소

約伯記 第二十八章
약 백 기 제 이 십 팔 장

욥 28:1

出銀有礦、
출 은 유 광

鍊金有方、
련 금 유 방

욥28:2
鐵取於土、
철 취 어 토
銅鎔於石、
동 용 어 석

욥28:3
人立限於晦冥、
인 립 한 어 회 명
究幽暗陰翳之礦石、
구 유 암 음 예 지 광 석
至乎其極、
지 호 기 극

욥28:4
鑿穴於荒墟、
착 혈 어 황 허
人跡不到、
인 적 불 도
縋而下、
추 이 하
與人相隔、
여 인 상 격
懸搖靡定、
현 요 미 정

욥 28:5

若夫地上、
약 부 지 상

則產糧食、
칙 산 량 식

其下翻起、
기 하 번 기

如被火攻、
여 피 화 공

욥 28:6

其石蘊碧玉、
기 석 온 벽 옥

藏金沙、
장 금 사

욥 28:7

其道鷙鳥不識、
기 도 지 조 불 식

鷹目未窺、
응 목 미 규

욥 28:8

惡獸未履、
악 수 미 리

猛獅未過、
맹 사 미 과

욥 28:9

其人手鑿堅石、
기 인 수 착 견 석
傾陷山根、
경 함 산 근

욥28:10
鑿石出川、
착 석 출 천
珍寶悉睹、
진 보 실 도

욥28:11
杜塞滲漏、
두 새 삼 루
蘊藏畢見、
온 장 필 견

욥28:12
惟智慧何處可尋、
유 지 혜 하 처 가 심
明哲之所安在、
명 철 지 소 안 재

욥28:13
其值人不之知、
기 치 인 불 지 지
生人之地、
생 인 지 지

亦不得見、
역 불 득 견

욥28:14

深淵曰、
심 연 왈

不在我中、
불 재 아 중

滄海曰、
창 해 왈

不與我偕、
불 여 아 해

욥28:15

不能以金購之、
불 능 이 금 구 지

不能衡銀、
불 능 형 은

以爲其值、
이 위 기 치

욥28:16

俄斐之金、
아 비 지 금

紅玉碧玉、
홍 옥 벽 옥

不足較其值、
불 족 교 기 치

욥28:17

黃金琉璃、
황금유리

不能爲其匹、
불능위기필

精金之器、
정금지기

不足與之易、
불족여지역

욥28:18

珊瑚水晶、
산호수정

俱無足論、
구무족론

智慧之値、
지혜지치

愈於珍珠、
유어진주

욥28:19

古實黃玉、
고실황옥

不足與之比、
불족여지비

精金不足較其値、
정금불족교기치

욥 28:20

然則智慧奚自、
연 칙 지 혜 해 자

明哲之所何在、
명 철 지 소 하 재

욥 28:21

隱於羣生之目、
은 어 군 생 지 목

蔽於天空之鳥、
폐 어 천 공 지 조

욥 28:22

死域與淪亡曰、
사 역 여 륜 망 왈

我聞其名、
아 문 기 명

욥 28:23

祇上帝悉其道、
지 상 제 실 기 도

識其處、
식 기 처

욥 28:24

以其鑒觀地極、
이 기 감 관 지 극

遍察天下、
편 찰 천 하

욥28:25

爲風定其輕重、
위 풍 정 기 경 중

量度諸水、
량 도 제 수

욥28:26

爲雨露立法、
위 우 로 립 법

爲雷電定程、
위 뢰 전 정 정

욥28:27

其時祆上帝明見之、
기 시 천 상 제 명 견 지

宣示之、
선 시 지

堅定之、
견 정 지

窮究之、
궁 구 지

욥28:28

謂人曰、
위 인 왈

寅畏主爲智慧、
인 외 주 위 지 혜

遠邪惡爲明哲、
원사악위명철

約伯記 第二十九章
약백기 제이십구장

욥 29:1

約伯續申其詞曰、
약백속신기사왈

욥 29:2

惟願如曩昔之月、
유원여낭석지월

如祆上帝顧我之日、
여천상제고아지일

욥 29:3

是時、
시시

其燈照於我首、
기등조어아수

我賴其光、
아뢰기광

經行暗中、
경행암중

욥 29:4

當我壯年、
당아장년

祆上帝友誼、
천 상 제 우 의

在於我幕、
재 어 아 막

욥 29:5

全能者尚偕我、
전 능 자 상 해 아

子女環繞我、
자 녀 환 요 아

욥 29:6

乳之酪濯我足、
유 지 락 탁 아 족

石出油而成河、
석 출 유 이 성 하

욥 29:7

我出、
아 출

至於邑門、
지 어 읍 문

設位街衢、
설 위 가 구

욥 29:8

少者見我引避、
소 자 견 아 인 피

老者起立、
로 자 기 립

욥29:9
侯伯禁言、
후 백 금 언
以手掩口、
이 수 엄 구

욥29:10
尊者緘默、
존 자 함 묵
舌貼於腭、
설 첩 어 악

욥29:11
耳聞我而祝嘏、
이 문 아 이 축 하
目覩我而爲證、
목 도 아 이 위 증

욥29:12
因我拯哀呼之貧民、
인 아 증 애 호 지 빈 민
救無助之孤子、
구 무 조 지 고 자

욥29:13
將亡者之祝嘏臨我、
장 망 자 지 축 하 림 아

我使嫠婦心樂而歌、
아 사 리 부 심 악 이 가

욥29:14
我以義爲衣、
아 이 의 위 의
以公爲袍爲冕、
이 공 위 포 위 면

욥29:15
我爲瞽者之目、
아 위 고 자 지 목
跛者之足、
파 자 지 족

욥29:16
爲貧乏者之父、
위 빈 핍 자 지 부
察不識者之事、
찰 불 식 자 지 사

욥29:17
折不義者之齒、
절 불 의 자 지 치
奪其所刼於口、
탈 기 소 겁 어 구

욥29:18
自謂必終於我巢、
자 위 필 종 어 아 소

增加我日、
증 가 아 일
如沙之多、
여 사 지 다

욥29:19
我根延及水泉、
아 근 연 급 수 천
甘露終夜霑於我枝、
감 로 종 야 점 어 아 지

욥29:20
我榮恆新、
아 영 긍 신
我弓在手日强、
아 궁 재 수 일 강

욥29:21
人聽我而靜俟、
인 청 아 이 정 사
默候我之意旨、
묵 후 아 지 의 지

욥29:22
我旣言之、
아 기 언 지
莫贊一詞、
막 찬 일 사

我言如雨潤之、
아 언 여 우 윤 지

욥29:23

徯我如望甘霖、
혜 아 여 망 감 림

張口如待春雨、
장 구 여 대 춘 우

욥29:24

彼無倚賴、
피 무 의 뢰

我則含笑、
아 칙 함 소

我之容光、
아 지 용 광

不因彼而變易、
불 인 피 이 변 역

욥29:25

我坐首位、
아 좌 수 위

爲之擇道、
위 지 택 도

如王居於軍中、
여 왕 거 어 군 중

亦如慰居喪之人焉、
역 여 위 거 상 지 인 언

約伯記 第三十章
약 백 기 제 삼 십 장

욥 30:1

今也年少於我者姍笑
금 야 년 소 어 아 자 산 소

我、
아

若輩之父、
약 배 지 부

我曾藐視、
아 증 막 시

不欲列之於守羊之犬
불 욕 열 지 어 수 양 지 견

中、
중

욥 30:2

其壯年之氣旣衰、
기 장 년 지 기 기 쇠

其手之力、
기 수 지 력

於我何益、
어 아 하 익

욥 30:3

彼因匱乏飢餓、
피 인 궤 핍 기 아

形軀消瘦、
형 구 소 수

齧燥土於荒涼幽暗之
설 조 토 어 황 량 유 암 지

中、
중

욥 30:4

採藜藿於叢林、
채 려 곽 어 총 림

取羅騰之根以爲食、
취 라 등 지 근 이 위 식

욥 30:5

爲人所逐、
위 인 소 축

人喊其後、
인 함 기 후

若喊寇賊、
약 함 구 적

욥 30:6

致居幽谷、
치 거 유 곡

在於土穴巖窟、
재 어 토 혈 암 굴

욥 30:7

呼於叢林之中、
호 어 총 림 지 중

集於荊棘之下、
집 어 형 극 지 하

욥 30:8

原爲愚陋之裔、
원 위 우 루 지 예

爰被撻逐、
원 피 달 축

離其故土、
리 기 고 토

욥 30:9

今我爲其歌詞、
금 아 위 기 가 사

作其話柄、
작 기 화 병

욥 30:10

憎我遠我、
증 아 원 아

唾我面、
타 아 면

而不自禁、
이 불 자 금

욥 30:11

蓋彼釋其繩索、
개 피 석 기 승 색

加我以苦、
가 아 이 고

脫其羈勒、
탈 기 기 륵

在於我前、
재 어 아 전

욥 30:12

下流之輩、
하 류 지 배

起於我右、
기 어 아 우

推移我足、
추 이 아 족

興築滅我之路、
흥 축 멸 아 지 로

욥 30:13

無與爲伍之人、
무 여 위 오 지 인

毁我之道、
훼 아 지 도

速我之禍、
속 아 지 화

욥 30:14

其來也、
기 래 야

如由巨缺、
여 유 거 결

在毀壞之間、
재 훼 괴 지 간

軫轉於我身、
진 전 어 아 신

욥30:15

威烈反擊我躬、
위 렬 반 격 아 궁

驅逐我榮如風、
구 축 아 영 여 풍

我福如雲之逝、
아 복 여 운 지 서

욥30:16

我魂頹敗、
아 혼 퇴 패

患難之日執我、
환 난 지 일 집 아

욥30:17

夜間我骨被刺、
야 간 아 골 피 자

痛楚齧我無已、
통 초 설 아 무 이

욥 30:18

因祆上帝之大力、
인 천 상 제 지 대 력

我衣敝汚、
아 의 폐 오

拘束我身、
구 속 아 신

如領束項、
여 령 속 항

욥 30:19

彼擲我於泥中、
피 척 아 어 니 중

我則如塵如灰、
아 칙 여 진 여 회

욥 30:20

我籲爾、
아 유 이

而爾弗聽、
이 이 불 청

我起立、
아 기 립

而爾注視、
이 이 주 시

욥 30:21

爾之於我、
이 지 어 아

轉爲殘酷、
전 위 잔 혹

以手力迫我、
이 수 력 박 아

욥 30:22

擧我使乘狂風、
거 아 사 승 광 풍

消滅我於巨暴、
소 멸 아 어 거 폭

욥 30:23

我知爾必致我於死、
아 지 이 필 치 아 어 사

入爲羣生所定之室、
입 위 군 생 소 정 지 실

욥 30:24

然人顚仆、
연 인 전 부

豈不伸手、
기 불 신 수

遇災豈不呼援、
우 재 기 불 호 원

욥 30:25

人遭難、
인 조 난

我豈非爲之哭泣、
아 기 비 위 지 곡 읍

人貧乏、
인 빈 핍

我豈非爲之憂心、
아 기 비 위 지 우 심

욥30:26

我望福祉、
아 망 복 지

而禍害至、
이 화 해 지

我待光明、
아 대 광 명

而幽暗來、
이 유 암 래

욥30:27

中心煩擾不安、
중 심 번 요 불 안

患難之日、
환 난 지 일

臨及我身、
림 급 아 신

욥30:28

我膚黧黑、
아부려흑

非因日暴、
비인일폭

立於會中、
립어회중

呼號求助、
호호구조

욥 30:29

我與野犬爲弟兄、
아여야견위제형

與鴕鳥爲伴侶、
여타조위반려

욥 30:30

我膚旣黑而脫、
아부기흑이탈

我骨因熱而焦、
아골인열이초

욥 30:31

我琴成悲聲、
아금성비성

我簫發哀響、
아소발애향

約伯記 第三十一章
약백기 제삼십일장

욥 31:1

我既與目爲約、
아 기 여 목 위 약

安能顧視少女、
안 능 고 시 소 녀

욥 31:2

自在上之袄上帝、
자 재 상 지 천 상 제

所得之分維何、
소 득 지 분 유 하

自居高之全能者、
자 거 고 지 전 능 자

所受之業維何、
소 수 지 업 유 하

욥 31:3

在於不義者、
재 어 불 의 자

豈非禍患乎、
기 비 화 환 호

在於行惡者、
재 어 행 악 자

豈非災害乎、
기 비 재 해 호

욥 31:4

祆上帝豈非鑒察我道
천 상 제 기 비 감 찰 아 도
途、
도
悉數我步履乎、
실 수 아 보 리 호

욥 31:5
願我被權以公平之
원 아 피 권 이 공 평 지
衡、
형
使祆上帝知我之正、
사 천 상 제 지 아 지 정

욥 31:6
我若行爲虛妄、
아 약 행 위 허 망
足趨詭詐、
족 추 궤 사

욥 31:7
步履離道、
보 리 리 도
心從我目、
심 종 아 목
汚沾我手、
오 점 아 수

욥31:8
則願我所播者、
칙 원 아 소 파 자
他人食之、
타 인 식 지
田所產者、
전 소 산 자
他人拔之、
타 인 발 지

욥31:9
如我心爲婦女所惑、
여 아 심 위 부 녀 소 혹
窺伺鄰舍之門、
규 사 린 사 지 문

욥31:10
則願我妻爲他人旋
칙 원 아 처 위 타 인 선
磨、
마
他人與之同室、
타 인 여 지 동 실

욥31:11
蓋此爲重罪、
개 차 위 중 죄

士師當罰之惡、
사 사 당 벌 지 악

욥31:12

亦爲火、
역 위 화

焚燬至於死域、
분 훼 지 어 사 역

滅我所有、
멸 아 소 유

욥31:13

僕婢與我有爭、
복 비 여 아 유 쟁

我若輕視其情、
아 약 경 시 기 정

욥31:14

祆上帝興起、
천 상 제 흥 기

我將何爲、
아 장 하 위

迨其臨格、
태 기 림 격

我將何言、
아 장 하 언

욥31:15

造我於胎者、
조 아 어 태 자

不亦造彼乎、
불 역 조 피 호

創彼及我於胎者、
창 피 급 아 어 태 자

非一手、
비 일 수

욥31:16

我若禁貧者得其所
아 약 금 빈 자 득 기 소

願、
원

使嫠婦之目失望、
사 리 부 지 목 실 망

욥31:17

一飯之微、
일 반 지 미

我若獨食、
아 약 독 식

不與孤子共之、
불 여 고 자 공 지

욥31:18

其實我自幼年、
기 실 아 자 유 년

收養孤子、
수 양 고 자

如育於父、
여 육 어 부

自出母腹、
자 출 모 복

引導嫠孀、
인 도 리 상

욥31:19

我若見人無衣而亡、
아 약 견 인 무 의 이 망

貧者無服蔽體、
빈 자 무 복 폐 체

욥31:20

其人若未得衣、
기 인 약 미 득 의

爲我祝嘏、
위 아 축 하

其身若未以我羊羢而
기 신 약 미 이 아 양 융 이

煖、
난

욥31:21

我在邑門、
아 재 읍 문

見有助我者、
견 유 조 아 자

卽舉手以攻孤子、
즉 거 수 이 공 고 자

욥31:22

則願我肩脫於缺盆
칙 원 아 견 탈 어 결 분

骨、
골

我之臂骨斷折、
아 지 비 골 단 절

욥31:23

蓋我以祆上帝降災爲
개 아 이 천 상 제 강 재 위

可畏、
가 외

因祆上帝之威、
인 천 상 제 지 위

不敢有所爲、
불 감 유 소 위

욥31:24

我若惟金是望、
아 약 유 금 시 망

謂精金曰、
위 정 금 왈

爾爲我之所恃、
이 위 아 지 소 시

욥31:25
若以貨財之豐、
약 이 화 재 지 풍
手獲之多爲樂、
수 획 지 다 위 악

욥31:26
若見日發其曜、
약 견 일 발 기 요
月行於光、
월 행 어 광

욥31:27
中心受惑、
중 심 수 혹
接吻於手、
접 문 어 수

욥31:28
此亦爲士師當罰之罪、
자 역 위 사 사 당 벌 지 죄
乃違逆在上之天上帝
내 위 역 재 상 지 천 상 제

也、
야

욥31:29
我若因憾我者被滅而
아 약 인 감 아 자 피 멸 이
欣喜、
흔 희
緣其遭禍而氣揚、
연 기 조 화 이 기 양

욥31:30
其實不容我口干罪、
기 실 불 용 아 구 간 죄
以詛絕其生命、
이 저 절 기 생 명

욥31:31
若我幕中人未嘗云、
약 아 막 중 인 미 상 운
孰見有人不得其食而
숙 견 유 인 불 득 기 식 이
飽、
포

욥31:32
賓旅不使宿於街衢、
빈 려 불 사 숙 어 가 구

啟門而接行人、
계 문 이 접 행 인

욥 31:33
若猶世人自掩己罪、
약 유 세 인 자 엄 기 죄
匿惡於懷、
닉 악 어 회

욥 31:34
因畏大衆、
인 외 대 중
懼宗族之藐視、
구 종 족 지 막 시
以致緘口、
이 치 함 구
杜門不出、
두 문 불 출

욥 31:35
願有人聽我辨白、
원 유 인 청 아 변 백
我署押於此、
아 서 압 어 차
全能者可答之、
전 능 자 가 답 지
願得我敵所書之詞、
원 득 아 적 소 서 지 사

욥 31:36

我 必 負 之 於 肩、
아 필 부 지 어 견

戴 之 於 首 以 爲 冕、
대 지 어 수 이 위 면

욥 31:37

我 之 步 武、
아 지 보 무

悉 述 於 彼、
실 술 어 피

毅 然 如 君、
의 연 여 군

直 造 其 前、
직 조 기 전

욥 31:38

如 我 田 疇 呼 而 責 我、
여 아 전 주 호 이 책 아

隴 畝 相 與 哭 泣、
롱 무 상 여 곡 읍

욥 31:39

我 若 食 其 產、
아 약 식 기 산

而 不 償 其 値、
이 불 상 기 치

或使原主喪命、
혹 사 원 주 상 명

욥 31:40

則願生荊棘以代麥、
칙 원 생 형 극 이 대 맥

生草萊以代麥、
생 초 래 이 대 맥

約伯之詞畢矣、
약 백 지 사 필 의

約伯記 第三十二章
약 백 기 제 삼 십 이 장

욥 32:1

約伯自視爲義、
약 백 자 시 위 의

三人不復答之、
삼 인 불 복 답 지

욥 32:2

有以利戶者、
유 이 리 호 자

布西人、
포 서 인

蘭族、
란 족

巴拉迦之子也、
파 랍 가 지 자 야

因約伯義己、
인 약 백 의 기

而不義祆上帝、
이 불 의 천 상 제

則怒、
칙 노

욥 32:3

且怒三友、
차 노 상 우

無言以答約伯、
무 언 이 답 약 백

而猶罪之、
이 유 죄 지

욥 32:4

彼以三友年長於己、
피 이 삼 우 년 장 어 기

俟其言竟、
사 기 언 경

욥 32:5

見其無詞以對、
견 기 무 사 이 대

則怒、
칙 노

욥 32:6

曰、
왈

我幼爾耄、
아유이모

故退讓、
고퇴양

不敢陳我意、
불감진아의

욥 32:7

自謂歷日多者、
자위력일다자

當講論、
당강론

享年永者、
향년영자

當以智誨人、
당이지회인

욥 32:8

然人衷有神、
연인충유신

全能者之氣、
전능자지기

畀以聰明、
비이총명

욥 32:9

尊者不盡有智、
존 자 불 진 유 지

老者不盡明義、
로 자 불 진 명 의

욥 32:10

故我曰、
고 아 왈

試聽我言、
시 청 아 언

我亦陳我意、
아 역 진 아 의

욥 32:11

我俟爾言、
아 사 이 언

傾聽爾辯、
경 청 이 변

待爾窮究所欲言者、
대 이 궁 구 소 욕 언 자

욥 32:12

細察爾中、
세 찰 이 중

無人折服約伯、
무 인 절 복 약 백

而答其言、
이 답 기 언

욥32:13

勿謂我儕得見智慧、
물 위 아 제 득 견 지 혜

惟秖上帝能折之、
유 천 상 제 능 절 지

人則不能、
인 칙 불 능

욥32:14

約伯非與我辯、
약 백 비 여 아 변

我亦不以爾言答之、
아 역 불 이 이 언 답 지

욥32:15

彼皆愕然、
피 개 악 연

不復應對、
불 복 응 대

莫措一辭、
막 조 일 사

욥32:16

旣皆緘默、
기 개 함 묵

靜立無言、
정 립 무 언

則我猶復待乎、
칙 아 유 복 대 호

욥32:17
亦盡我分而辯、
역 진 아 분 이 변
指陳己意、
지 진 기 의

욥32:18
我言盈懷、
아 언 영 회
我衷之神激我、
아 충 지 신 격 아

욥32:19
我腹如滿於酒、
아 복 여 만 어 주
無隙可出、
무 극 가 출
有若新囊、
유 약 신 낭
幾至破裂、
기 지 파 렬

욥32:20
我必言之乃可舒、
아 필 언 지 내 가 서

亦必啟口以應答、
역 필 계 구 이 응 답

욥 32:21
請勿使我徇情、
청 물 사 아 순 정
我不阿諛、
아 불 아 유

욥 32:22
蓋我不知阿諛、
개 아 불 지 아 유
若然、
약 연
造我者必速滅我、
조 아 자 필 속 멸 아

約伯記 第三十三章
약 백 기 제 삼 십 삼 장

욥 33:1
約伯乎、
약 백 호
請聽我言、
청 청 아 언
悉聆我語、
실 령 아 어

욥 33:2

我今啟口、
아 금 계 구

鼓舌而談、
고 설 이 담

욥 33:3

我言必顯中心之正、
아 언 필 현 중 심 지 정

我脣實陳所知、
아 순 실 진 소 지

욥 33:4

祆上帝之神造我、
천 상 제 지 신 조 아

全能者之氣生我、
전 능 자 지 기 생 아

욥 33:5

如能之、
여 능 지

則答我、
칙 답 아

起而陳爾言於我前、
기 이 진 이 언 어 아 전

욥 33:6

我於祆上帝前、
아 어 천 상 제 전

與爾相同、
여 이 상 동

亦由土而成、
역 유 토 이 성

욥 33:7

我不以威驚嚇爾、
아 불 이 위 경 혁 이

亦不以勢重壓爾、
역 불 이 세 중 압 이

욥 33:8

我耳曾聞爾聲、
아 이 증 문 이 성

聽爾言云、
청 이 언 운

욥 33:9

我清潔無過、
아 청 결 무 과

無辜無愆、
무 고 무 건

욥 33:10

祆上帝尋隙攻我、
천 상 제 심 극 공 아

視我爲敵、
시 아 위 적

욥 33:11

桎我足、
질 아 족

察我徑、
찰 아 경

욥33:12

我則應之曰、
아 칙 응 지 왈

爾言此、
이 언 차

不義矣、
불 의 의

蓋祆上帝卓越於人、
개 천 상 제 탁 월 어 인

욥33:13

胡爲與之爭、
호 위 여 지 쟁

其所行者、
기 소 행 자

不自陳述、
불 자 진 술

욥33:14

祆上帝言之、
천 상 제 언 지

而人弗顧、
이 인 불 고

又復言之、
우 복 언 지

욥33:15

乃於人酣寢、
내 어 인 감 침

偃臥在牀時、
언 와 재 상 시

以夢與夜間之異象示
이 몽 여 야 간 지 이 상 시

之、
지

욥33:16

啓人之耳、
계 인 지 이

以堅厥訓、
이 견 궐 훈

욥33:17

使人改其意志、
사 인 개 기 의 지

遏其驕矜、
알 기 교 긍

욥33:18

以救其魂不陷於坑
이 구 기 혼 불 함 어 갱

坎、
감

其命不亡於鋒刃、
기 명 불 망 어 봉 인

욥33:19

人臥於牀、
인 와 어 상

被懲以苦、
피 징 이 고

骨中疼痛、
골 중 동 통

歷久不已、
력 구 불 이

욥33:20

靈厭食物、
령 염 식 물

心惡珍饈、
심 악 진 수

욥33:21

肉消不見、
육 소 불 견

素未顯露之骨、
소 미 현 로 지 골

亦皆凸出、
역 개 철 출

욥33:22

其魂臨乎坑坎、
기 혼 림 호 갱 감

其命近於殄滅、
기 명 근 어 진 멸

욥33:23

設有天使千中之一、
설 유 천 사 천 중 지 일

與之同在、
여 지 동 재

爲之解釋、
위 지 해 석

示人所當爲者、
시 인 소 당 위 자

욥33:24

則祆上帝憫之曰、
칙 천 상 제 민 지 왈

可援之、
가 원 지

免其陷於坑坎、
면 기 함 어 갱 감

我得一贖之者矣、
아 득 일 속 지 자 의

욥33:25

其膚光潤、
기 부 광 윤

勝於幼稚、
승 어 유 치

轉爲少年、
전 위 소 년

욥33:26

祈禱祆上帝、
기 도 천 상 제

蒙其悅納、
몽 기 열 납

使之歡然覲見、
사 지 환 연 근 견

而復其人之義、
이 복 기 인 지 의

욥33:27

彼則歌於人前曰、
피 칙 가 어 인 전 왈

昔我干罪、
석 아 간 죄

顚覆正義、
전 복 정 의

所爲無益、
소 위 무 익

욥33:28

祆上帝救贖我魂、
천 상 제 구 속 아 혼

免入坑坎、
면 입 갱 감

我之生命、
아 지 생 명

復覩光明、
복 도 광 명

욥 33:29

凡此諸事、
범 차 제 사

祆上帝行之於人者、
천 상 제 행 지 어 인 자

至再至三矣、
지 재 지 삼 의

욥 33:30

以援其魂於坑坎、
이 원 기 혼 어 갱 감

俾得生人之光照、
비 득 생 인 지 광 조

욥 33:31

約伯乎、
약 백 호

爾其諦聽、
이 기 체 청

靜默俟我言之、
정 묵 사 아 언 지

욥 33:32

如有所言、
여 유 소 언

爾其答我、
이 기 답 아

我欲義爾、
아 욕 의 이

욥 33:33

否則緘默以聽、
부 칙 함 묵 이 청

我則以智訓爾、
아 칙 이 지 훈 이

約伯記 第三十四章
약 백 기 제 삼 십 사 장

욥 34:1

以利戶又曰、
이 리 호 우 왈

욥 34:2

爾哲人乎、
이 철 인 호

其聽我言、
기 청 아 언

爾達人乎、
이 달 인 호

側耳而聽、
측 이 이 청

욥 34:3

蓋耳之察言、
개 이 지 찰 언

猶口之嘗食、
유 구 지 상 식

욥 34:4

我儕當擇其正、
아 제 당 택 기 정

共喩其善、
공 유 기 선

욥 34:5

約伯嘗曰、
약 백 상 왈

我乃義、
아 내 의

而祆上帝奪我理、
이 천 상 제 탈 아 리

욥 34:6

我雖直、
아 수 직

而視我爲誑、
이 시 아 위 광

雖無過、
수 무 과

而我創不可療、
이 아 창 불 가 료

욥 34:7

誰如約伯飮侮慢、
수 여 약 백 음 모 만

如飮水、
여 음 수

욥 34:8

與作孽者爲侶、
여 작 얼 자 위 려

與惡人同行、
여 악 인 동 행

욥 34:9

彼云、
피 운

人樂祆上帝、
인 악 천 상 제

無所裨益、
무 소 비 익

욥 34:10

故爾智者、
고 이 지 자
其聽我言、
기 청 아 언
祆上帝決不爲惡、
천 상 제 결 불 위 악
全能者斷不作孽、
전 능 자 단 불 작 얼

욥34:11
乃必按人所爲而報
내 필 안 인 소 위 이 보
之、
지
依人所行而施之、
의 인 소 행 이 시 지

욥34:12
祆上帝誠不爲惡、
천 상 제 성 불 위 악
全能者必不背義、
전 능 자 필 불 배 의

욥34:13
其治地之任、
기 치 지 지 임
誰畀之、
수 비 지

其理世之職、
기 리 세 지 직

誰託之、
수 탁 지

욥34:14

彼若定志爲己、
피 약 정 지 위 기

使神與氣歸之、
사 신 여 기 귀 지

욥34:15

則凡有血氣者必偕
칙 범 유 혈 기 자 필 해

亡、
망

世人咸歸於土、
세 인 함 귀 어 토

욥34:16

爾若有智、
이 약 유 지

則當聆此、
칙 당 령 차

諦聽我言、
체 청 아 언

욥34:17

惡義者、
악의자

豈得操權乎、
기득조권호

秉公有能者、
병공유능자

爾豈罪之乎、
이기죄지호

욥34:18

謂君王曰、
위군왕왈

爾爲鄙陋、
이위비루

謂侯伯曰、
위후백왈

爾爲邪惡、
이위사악

其宜乎、
기의호

욥34:19

況不偏視王公、
황불편시왕공

不歧視貧富者乎、
불기시빈부자호

蓋皆其所造也、
개 개 기 소 조 야

욥 34:20

中夜俄頃之間、
중 야 아 경 지 간

彼衆死亡、
피 중 사 망

庶民被震而逝、
서 민 피 진 이 서

强者見逐、
강 자 견 축

非假人手、
비 가 인 수

욥 34:21

其目鑒人道途、
기 목 감 인 도 도

觀人步履、
관 인 보 리

욥 34:22

無幽暗晦冥、
무 유 암 회 명

俾惡人自匿、
비 악 인 자 닉

욥 34:23

祆上帝於人、
천 상 제 어 인

無庸再三思維、
무 용 재 삼 사 유

始令受鞫於其前、
시 령 수 국 어 기 전

욥34:24

彼折有能之輩、
피 절 유 능 지 배

其術莫測、
기 술 막 측

使他人代其職、
사 타 인 대 기 직

욥34:25

彼原悉其所行、
피 원 실 기 소 행

夜間傾之、
야 간 경 지

使之滅亡、
사 지 멸 망

욥34:26

以之爲惡、
이 지 위 악

擊之於衆前、
격 지 어 중 전

욥 34:27

蓋彼悖逆、
개 피 패 역

不從祆上帝、
불 종 천 상 제

不顧厥道、
불 고 궐 도

욥 34:28

致令貧乏者之哀求、
치 령 빈 핍 자 지 애 구

達於其前、
달 어 기 전

受虐者之呼籲、
수 학 자 지 호 유

爲其所聞、
위 기 소 문

욥 34:29

祆上帝安人、
천 상 제 안 인

誰能罪之、
수 능 죄 지

祆上帝掩面、
천 상 제 엄 면

誰能覲之、
수 능 근 지

於國於人皆然、
어 국 어 인 개 연

욥34:30

致不虔者、
치 불 건 자

不得操權、
불 득 조 권

免其罔民、
면 기 망 민

욥34:31

有誰謂祆上帝曰、
유 수 위 천 상 제 왈

我旣受責、
아 기 수 책

不再犯罪、
불 재 범 죄

욥34:32

我所不明、
아 소 불 명

請爾示我、
청 이 시 아

若曾行惡、
약 증 행 악

不復爲之、
불 복 위 지

욥34:33

祆上帝之報、
천상제지보

必徇爾意、
필순이의

而爾弗受乎、
이이불수호

爾自擇之、
이자택지

我不與也、
아불여야

如有所知、
여유소지

尚其言之、
상기언지

욥34:34

有智之士、
유지지사

凡聞我言之達人、
범문아언지달인

必謂我曰、
필위아왈

욥34:35

約伯所言無知、
약백소언무지

其詞不慧、
기 사 불 혜

욥34:36

願約伯被試至極、
원 약 백 피 시 지 극

以其辯同於惡人也、
이 기 변 동 어 악 인 야

욥34:37

其罪之上、
기 죄 지 상

加以悖逆、
가 이 패 역

在我儕中鼓掌、
재 아 제 중 고 장

對於天上帝、
대 어 천 상 제

嘖有煩言、
책 유 번 언

約伯記 第三十五章
약 백 기 제 삼 십 오 장

욥35:1

以利戶又曰、
이 리 호 우 왈

욥35:2

爾以爲有理、
이 이 위 유 리

自謂我之義、
자 위 아 지 의

愈於祆上帝之義乎、
유 어 천 상 제 지 의 호

욥 35:3

致云、
지 운

我何所得、
아 하 소 득

較之干罪、
교 지 간 죄

何所益乎、
하 소 익 호

욥 35:4

我將答爾、
아 장 답 이

及爾同侶、
급 이 동 려

욥 35:5

試觀諸天、
시 관 제 천

瞻視高於爾之穹蒼、
첨 시 고 어 이 지 궁 창

욥 35:6

如爾干罪、
여 이 간 죄

與祆上帝何涉、
여 천 상 제 하 섭

爾罪增多、
이 죄 증 다

與祆上帝何與、
여 천 상 제 하 여

욥 35:7

如爾爲義、
여 이 위 의

於彼何加、
어 피 하 가

彼於爾手何所得乎、
피 어 이 수 하 소 득 호

욥 35:8

爾惡或損同類、
이 악 혹 손 동 류

爾義或利世人、
이 의 혹 리 세 인

욥 35:9

人因多虐而呼號、
인 인 다 학 이 호 호

緣强者之臂而呼救、
연 강 자 지 비 이 호 구

욥 35:10

惟無人云、
유 무 인 운

造我之祅上帝、
조 아 지 천 상 제

賜人夜歌者安在、
사 인 야 가 자 안 재

욥 35:11

其教我儕、
기 교 아 제

使勝於地上之獸、
사 승 어 지 상 지 수

俾智於空中之鳥、
비 지 어 공 중 지 조

욥 35:12

人因惡者之驕侈而呼籲、
인 인 악 자 지 교 치 이 호 유

而莫之應、
이 막 지 응

욥 35:13

虛誕之呼籲、
허탄지호유

祆上帝誠不之聽、
천상제성불지청

全能者不之顧、
전능자불지고

욥35:14

況爾乎、
황이호

爾乃曰、
이내왈

不得見之、
불득견지

我之事理在其前、
아지사리재기전

惟俟之而已、
유사지이이

욥35:15

今因祆上帝未加以
금인천상제미가이

怒、
노

不甚介意於傲慢、
불심개의어오만

욥35:16

故約伯空啟厥口、
고 약 백 공 계 궐 구

多發無知之言、
다 발 무 지 지 언

約伯記 第三十六章
약 백 기 제 삼 십 륙 장

욥 36:1

以利戶又曰、
이 리 호 우 왈

욥 36:2

容我片時、
용 아 편 시

我將示爾、
아 장 시 이

我爲祆上帝猶有所
아 위 천 상 제 유 유 소

言、
언

욥 36:3

我之所知、
아 지 소 지

取諸深遠、
취 제 심 원

歸義於造我者、
귀 의 어 조 아 자

욥36:4

我言實不爲誑、
아 언 실 불 위 광

有智識俱備者、
유 지 식 구 비 자

與爾偕也、
여 이 해 야

욥36:5

祆上帝大能、
천 상 제 대 능

不藐視人、
불 막 시 인

其智甚廣、
기 지 심 광

욥36:6

爲惡者不衛其生、
위 악 자 불 위 기 생

困苦者俾得其直、
곤 고 자 비 득 기 직

욥36:7

彼顧義人、
피 고 의 인

不轉厥目、
불 전 궐 목

使同君王、
사 동 군 왕

永坐於位、
영 좌 어 위

以致崇高、
이 치 숭 고

욥 36:8

若繫於縲絏、
약 계 어 류 설

拘於困苦之索、
구 어 곤 고 지 색

욥 36:9

則指其作爲、
칙 지 기 작 위

與其過失、
여 기 과 실

卽其驕泰之行、
즉 기 교 태 지 행

욥 36:10

爰啟其耳、
원 계 기 이

俾受訓誨、
비 수 훈 회

命之去惡而返、
명 지 거 악 이 반

욥 36:11

如其聽從奉事、
여 기 청 종 봉 사

則必度日亨通、
칙 필 도 일 형 통

歷年安樂、
력 년 안 악

욥 36:12

苟不聽從、
구 불 청 종

則必死於鋒刃、
칙 필 사 어 봉 인

無知而亡、
무 지 이 망

욥 36:13

心不虔者、
심 불 건 자

積累震怒、
적 루 진 노

雖受束縛、
수 수 속 박

而不祈求、
이 불 기 구

욥36:14

其靈夭折、
기 령 요 절

其畢命也、
기 필 명 야

與受汚者同科、
여 수 오 자 동 과

욥36:15

困苦者、
곤 고 자

祆上帝以其苦拯之、
천 상 제 이 기 고 증 지

於暴虐之際啟其耳、
어 폭 학 지 제 계 기 이

욥36:16

亦欲導爾、
역 욕 도 이

出於危迫、
출 어 위 박

入於寬廣不狹之區、
입 어 관 광 불 협 지 구

且陳於爾几者、
차 진 어 이 궤 자

俱滿肥甘、
구 만 비 감

욥36:17

惟爾充盈惡人之議、
유 이 충 영 악 인 지 의

故鞫與義、
고 국 여 의

拘執爾身、
구 집 이 신

욥36:18

勿爲怒激而拒懲責、
물 위 노 격 이 거 징 책

勿因贖重而致偏行、
물 인 속 중 이 지 편 행

욥36:19

爾之財賄、
이 지 재 회

及所有之勢力、
급 소 유 지 세 력

能使爾免於患難乎、
능 사 이 면 어 환 난 호

욥36:20

勿慕黑夜、
물 모 흑 야

卽衆民見除、
즉 중 민 견 제

而離其所之時、
이 리 기 소 지 시

욥 36:21

愼之哉、
신 지 재

勿戀惡、
물 련 악

蓋爾擇此、
개 이 택 차

愈於苦也、
유 어 고 야

욥 36:22

天上帝巍然、
천 상 제 외 연

以能而行、
이 능 이 행

彼之爲師、
피 지 위 사

誰其如之、
수 기 여 지

욥 36:23

誰定其道、
수 정 기 도

孰能謂之曰、
숙 능 위 지 왈

爾所行非義、
이 소 행 비 의

욥 36:24

當憶大其作爲、
당 억 대 기 작 위

乃人所歌頌者、
내 인 소 가 송 자

욥 36:25

人皆見之、
인 개 견 지

自遠觀之、
자 원 관 지

욥 36:26

祆上帝至大、
천 상 제 지 대

我儕不之悉、
아 제 불 지 실

其壽不可測、
기 수 불 가 측

욥 36:27

彼取涓滴、
피 취 연 적

由霧化爲雨、
유 무 화 위 우

욥 36:28

空際淋漓、
공 제 림 리

沛然普及於衆、
패 연 보 급 어 중

욥 36:29

雲霧之展布、
운 무 지 전 포

天幕之震轟、
천 막 지 진 굉

誰能明之、
수 능 명 지

욥 36:30

閃光普照其四周、
섬 광 보 조 기 사 주

覆以海底、
복 이 해 저

욥 36:31

彼以此懲罰萬民、
피 이 차 징 벌 만 민

亦以之豐賜糧食、
역 이 지 풍 사 량 식

욥 36:32

掌握電光、
장 악 전 광

命其中的、
명 기 중 적

욥 36:33

雷聲顯著之、
뢰 성 현 저 지

亦以其升騰、
역 이 기 승 등

示牲畜焉、
시 생 축 언

約伯記 第三十七章
약 백 기 제 삼 십 칠 장

욥 37:1

緣此、
연 차

我心戰慄、
아 심 전 률

離乎其所、
리 호 기 소

욥 37:2

試聽其聲、
시 청 기 성

其口所出之響、
기 구 소 출 지 향

욥 37:3

發聲遍於天下、
발 성 편 어 천 하

閃電至於地極、
섬 전 지 어 지 극

욥 37:4

繼有雷轟、
계 유 뢰 굉

威聲大發、
위 성 대 발

其聲既聞、
기 성 기 문

閃電不已、
섬 전 불 이

욥 37:5

祆上帝行雷、
천 상 제 행 뢰

其聲甚奇、
기 성 심 기

彼作大事、
피 작 대 사

吾人莫測、
오 인 막 측

욥 37:6

命雪雨於地、
명 설 우 어 지

降細雨與大雨、
강 세 우 여 대 우

욥 37:7

彼封人手、
피 봉 인 수

不得操作、
불 득 조 작

俾凡所造、
비 범 소 조

知其作爲、
지 기 작 위

욥 37:8

百獸入穴、
백 수 입 혈

羣居其窟、
군 거 기 굴

욥 37:9

狂風發於南庫、
광 풍 발 어 남 고

寒氣出於北方、
한 기 출 어 북 방

욥 37:10

祆上帝噓氣成冰、
천 상 제 허 기 성 빙

巨川凝結、
거 천 응 결

욥37:11

使密雲涵蒸氣、
사 밀 운 함 증 기

散布蘊電之雲、
산 포 온 전 지 운

욥37:12

依其引導、
의 기 인 도

旋轉往還、
선 전 왕 환

運行於全地、
운 행 어 전 지

悉遵厥命、
실 준 궐 명

욥37:13

或以之潤土壤、
혹 이 지 윤 토 양

或以爲懲、
혹 이 위 징

或以爲惠、
혹 이 위 혜

욥37:14

約伯乎、
약 백 호

爾其聽之、
이 기 청 지

祆上帝之妙用、
천 상 제 지 묘 용

當立而思之、
당 립 이 사 지

욥37:15

祆上帝如何施令、
천 상 제 여 하 시 령

使雲中電光閃爍、
사 운 중 전 광 섬 삭

爾知之乎、
이 지 지 호

욥37:16

雲之平鋪、
운 지 평 포

全智者之奇妙、
전 지 자 지 기 묘

爾悉之乎、
이 실 지 호

욥37:17

南風旣起、
남 풍 기 기

全地寂靜、
전 지 적 정

爾衣溫煖、
이 의 온 난

爾明之乎、
이 명 지 호

욥 37:18

爾能偕祆上帝展布穹
이 능 해 천 상 제 전 포 궁

蒼、
창

堅如鑄鑑乎、
견 여 주 감 호

욥 37:19

我儕蒙昧、
아 제 몽 매

不能陳詞、
불 능 진 사

請爾教我、
청 이 교 아

何以與言、
하 이 여 언

욥 37:20

豈可對祆上帝曰、
기 가 대 천 상 제 왈

我欲與爾言乎、
아 욕 여 이 언 호

人豈自願滅亡乎、
인 기 자 원 멸 망 호

욥 37:21

風過天清、
풍 과 천 청

日光炳耀、
일 광 병 요

人莫能注視之、
인 막 능 주 시 지

욥 37:22

金光見於北方、
금 광 견 어 북 방

祆上帝有威可畏、
천 상 제 유 위 가 외

욥 37:23

若夫全能者、
약 부 전 능 자

我儕莫能測之、
아 제 막 능 측 지

其力卓越、
기 력 탁 월

其義充足、
기 의 충 족

不行殘虐、
불 행 잔 학

욥 37:24

故人畏之、
고 인 외 지

惟有慧心之人、
유 유 혜 심 지 인

祆上帝不之顧也、
천 상 제 불 지 고 야

終

板 權 誌

❀ 聖 經 筆 寫 (第六巻 ㊤)

❀ 초판 1 쇄 2017년 08 월 21 일

❀ 聖經筆寫協會 : 編纂委員

❀ 著 : 柳 賢 授

❀ 펴낸이 : 도서출판 保 惠

❀ 출판 등록 제2014-000001 호 (2014.01.03.)

❀ 주소 : 천안시 서북구 하리1길 39

❀ 전화 : 010-2239-0675

❀ ISBN : 979-11-87802-27-3

셋트 ISBN: 979-11-87802-10-5 (전2권)